著作権は文化を発展させるのか

人権と文化コモンズ

Yamada Shoji
山田奨治

人文書院

著作権は文化を発展させるのか　目次

注記

本書では、引用文中の旧仮名遣い・用字を現代表記に一部置き換えた。著作権法からの引用は、二〇二一年三月時点の条文を用いた。

著作権は文化を発展させるのか——人権と文化コモンズ

はじめに

人生を左右するような影響を受けた物語を、ことばを変えて語り、熟考し、解体し、ジョークにし、時代に応じて変えていく力を持たない者は、新しい思考をめぐらすことができず、本当に無力だ。[1]　――サルマン・ラシュディ

著作権を構想し直す

日本の著作権法の目的は、「文化の発展に寄与すること」にある。ところで、「文化の発展」とは何だろうか？

いまの著作権法が一九七一年に施行されてから、ちょうど五〇年目に本書は出版される。この間、著作権法を語る者は、「文化の発展とは？」を問い詰めることを、あまりしてこなかったように思う。

著作権法の標準的な体系書には、「著作権法は一定の思想をもって著作物を保護しているのであり、その保護の対象を指し示す文化概念は国語的な意味に捕らわれることなく、著作権法の思

（1）（Rushdie 1991）この引用文は、（Sunder 2012: 64）で知った。

想から導かれるべきである」（中山 2020：27）とある。つまり、著作権法が規整している対象が、この法にとっての「文化」なのだという。そのうえで、「著作物が豊富化・多様化することを、著作権法は「文化の発展」と称しているのである」（中山 2020：28）とする。これでは「文化」概念を狭く収めているようで、物足りない。

残念ながら本書は、「文化の発展」の定義やそのための処方箋を、お手軽に使える形で示すものではない。ネットによくある短文の形式ではまったく書き切れない、「思考のための材料」をお届けしたい。

冒頭に示した一節を書いたサルマン・ラシュディは、小説『悪魔の詩』（Rushdie 1988）でイスラム教の預言者・ムハマンドを独自の視点で描いた。イランの政治的・宗教的指導者のルーホッラー・ホメイニ（一九〇二－八九）は、イスラム教を冒瀆した罪で彼に死刑を宣告した。

幸いなことにラシュディは、アメリカで生き延びることができた。だが、この本に共鳴し、翻訳の労を取ったイスラム研究者の五十嵐一《ひとし》（一九四七－九一）は、勤務先だった大学の研究室近くで、夜間、何者かの凶刃に倒れた。(2)『悪魔の詩』を翻訳したことに反感を持った、過激なイスラム教徒が事件に関与したのではと、強く疑われている。ラシュディがいうように、人生を左右するような影響を受けた物語を、ことばを変えて語る力を奪われるならば、わたしたちは本当に無力だ。

表現することの自由と表現者の安寧は、残念ながら必ずしも保障されてはいない。宗教の「大きな物語」は、信者の共同体によって「所有」されている。物語の「所有者」を自認する者は、その意に反する表現に対して、むき出しの憎悪を向けることがある。現代アートが国家の「大きな物語」を批判的に表現すると、アーティストがしばしば脅迫を受けることも、わたしたちは知っている。表現することは、命がけなこともあるのだ。

もちろん、『悪魔の詩』の問題は、宗教的な感情をめぐることで、権利云々のことではない。しかし、物語を「所有」している意識は、創作者・権利者側だけのものではないことを、この作品をめぐる事件は強烈に訴えかけてくる。物語を享受する者――宗教的なものならばその信者、創作物ならばその受け手や二次利用者――にも物語は「所有」され、身体化されるのだ。

著作権法の難解さ

物語の「所有」に関することは、制度的には著作権法がカバーしている。著作権は、考えること、楽しむこと、書くこと、語ること、歌うこと、描くこと、踊ること、撮ることなど、わたしたちのすべての知的・感情的な活動に関わる権利である。著作権法は、創造的な活動の成果をとても強く守っている。それは権利者に無断で著作物をシェアすることを制限しつつ、部分的には自由な利用を認めている。簡単にいえばそういうことなのだが、それをきちんと理解することは、

（2）この事件は、容疑者不明のまま二〇〇六年に時効となった。

よほどの専門家でないと難しい。日本の著作権法は、一二〇年ほどの歴史を経て、とても複雑なものになってしまったからだ。

人間が政治社会を形成しておらず、法というものがなければ、作品を利用するのは自由である。法がなければ、他人の文章や写真をネットにアップロードしようが、カラオケスナックで得意な曲を歌おうが、とがめられることも使用料を請求されることもない。著作権法は、著作物を自由に利用することを、自然状態からの例外として制限する。

しかし、著作物の利用をすべて制限してしまっては、文化的な生活を送ることができなくなってしまう。そこで、著作権が制限される例外を設けている。代表的なものに、「私的使用のための複製」がある。それによって、「個人的に又は家庭内その他これに準ずる限られた範囲内において」、正規に買った音楽のデジタルファイルをコピーして家族にあげる、などの私的複製が例外的に許される。

とはいえ、いくら個人や家庭内で使うための私的複製だといっても、ネットに上がっている海賊版を、自分のＰＣやスマホにコピーして楽しむのはよくない。とりわけ、産業として規模が大きい音楽・映像業界にとっては、海賊版の私的複製が金額的に大きな被害につながることもある。そこで著作権法では、「私的使用のための複製」という例外のさらに例外を設けている。たとえば、ネット上にある海賊版は、その事実を知りながらダウンロードすること（違法ダウンロード）が、「私的使用のための複製」から除外されている。そして、違法ダウンロードをした利用者に対して、権利者が民事の賠償請求をできるようにしている。自然状態にはあった自由の一部を著作権法で例外的に禁止し、その一部の「私的使用のための複製」を例外的に自由にし、さらにその一部である海賊版のダウンロードを例外的に禁止しているのだ。これは、法のない状態からみれば、「例外の例外の例外」になる。

さらに、有償で提供されている録音・録画の違法ダウンロードならば、例外的に「二年以下の懲役若しくは二百万円以下の罰金に処し、又はこれを併科する」刑事罰がついている。これについては、映画館で本編上映の直前に必ず流れる、パントマイムによる啓発映像でおなじみだろう。録音・録画の違法ダウンロードの刑事罰は、法のない状態からはなんと、「例外の例外の例外の例外」にあたる。(3)

録音・録画の違法ダウンロード違法化は二〇〇九年、刑事罰化は二〇一二年の改正で追加された規定である。(4) 二〇二〇年には、すべての種類の著作物の違法ダウンロードが違法化・刑事罰化された。これらはほんの一例にすぎず、著作権法は一九七一年に現行法が施行されてから、時代の変化にあわせて何度も改正を重ねてきた。その結果、もはや全体像を理解することがとても難

（3）　私的使用のために映画を劇場で撮影する行為は、著作権法では禁じられていない。しかし、二〇〇七年の「映画の盗撮の防止に関する法律」により、公開から八ヶ月に満たない作品の撮影が私的使用の例外から除外された。このように、著作権法を上書きする特別法も存在する。

（4）　改正の経緯については、（山田 2011：第四章）（山田 2016：第三章）で詳述した。

しい、継ぎはぎだらけの状態になっている。これが穴の空いた靴下ならば、継ぎをあてて使いつづけることは、清貧な美徳かもしれない。しかし、全国民の文化生活に影響する「お茶の間法」（野口 2010：80）としては、継ぎはぎの限界をとうに超えている。

転換の必要性

近代的な著作権法の起源は、一八世紀初頭のイングランドにある。その基本は、作品の囲い込みを許すことで書籍業者を守ることにあった。それが期限つきの権利であることも、三〇〇年以上変わっていない。日本の旧著作権法は、一八九九年の成立なので、この国でも一二〇年以上、基本を変えていないことになる。

欧州でコピーライトが生まれたのは、一五世紀に金属活字による活版印刷術が誕生したことと関係がある。(5) 最初の印刷物が「グーテンベルク聖書」であることが象徴しているように、そのコピー力を活用したのはキリスト教会だった。やがて言論統制のために王権が印刷術を管理するようになった。そして、イングランドで王権が弱体化した一八世紀初頭に、書籍業ギルドの求めにより一七〇九年にコピーライト法ができた。

書籍業者は同業者が「海賊版」を売ることができないよう、法律と裁判で抑えこまなければならなかった。一八世紀に盛んに出版された辞書、歴史書、詩集、小説などで、著者からの（低く抑えられてはいたが）原稿買取費用を安全に回収するためにも必要なことだった。紙の本を追加で一冊作る費用（限界費用）は、手書きで写本を作る場合と比べて格段に低い。売れ筋でしかも限界費用の低い商品は、海賊業者との競争が厳しくなる（山田 2007）。

現代にもそうした事情はある。音楽アルバムや娯楽映画を作るには、巨額の投資が必要とされている。[6] 投資を回収し、つぎの投資につなげるためには、囲い込みの新たな抜け道を法改正でふさいでもらわなければならない。

著作権法のあいつぐ強化の理由としては、デジタル技術によって、作品がいとも簡単にコピーできるようになったことが大きい。技術の進化とともに、デジタルコピーの対象は、文字、静止画、音楽、動画へと広がった。有線・無線の通信技術の進歩によって、普通の個人が一瞬のうちに、世界中にコンテンツを送り届けることができるようになった。紙の本やCDやブルーレイディスクの限界費用は少ないとはいえ、物理的なモノを使い、それを運ぶぶんの費用はかかる。しかし、それがネットを流れるデジタルファイルに形を変えると、限界費用は限りなくゼロになる。

複製の限界費用が限りなくゼロになって、コンテンツ利用にまったく新しい事態が生まれた。ユーザーが作品を複製し、操作し、再創造すること、そうして自らのスキルを磨いたユーザーが、

（5） 中国では、一一世紀には木版の活字印刷術があった。
（6） ボカロ音楽の隆盛や、三〇〇万円の低予算で制作して、二〇一八年に三一億円の興行収入をあげた映画『カメラを止めるな！』（二〇一七）が、こうした「常識」に対する反証になっている。

創作者になることである。過去にあいついだ著作権強化によって、こうした現在の到来が遅れはしなかったか？　それは誰にも予想できない未来を邪魔していないだろうか？

知的財産法学者のマダヴィ・サンダーは、*From Goods to a Good Life*（Sunder 2012）という、示唆に富む本を書いた。この英語の書名は、名詞の単数形と複数形とで意味が異なるという、日本語にない特性が活かされている。意味を損なわないようにあえて訳すならば、『（複数形の）「グッズ＝財」から（単数形の）「ア・グッド・ライフ＝よき生」へ』となろう。著作権とそれが守る著作物は、経済的な「財」の概念だけではとらえきれない。著作者や権利者が「財」として囲い込んでも、作品はそれを越えて享受者の「生」の領域に広がっていく。

著作権法・特許法などの知財法は、より多くの「グッズ＝財」を創るための、インセンティブをもたらすだけではない。「一個の人間」が単数形の「ア・グッド・ライフ＝よき生」を生きるための、潜在的・顕在的な能力に大きな影響を与える。またそれは自由とは何かにも関わってくる（Sunder 2012: 3, 5）。とりわけ特許法は、それが保護している財とひとの生死が直結している。難しい病気の薬の製造と価格が特許で統制され、それを必要とする貧しいひとびとの手に届かないことがあるからだ。そのことを問題視した南アフリカやブラジルでは、エイズ治療薬の特許を制限し、ジェネリック薬品の輸入や製造を促したこともある（伊藤、山形 2004）。新型コロナウィルスに対するワクチンの特許を一時的に凍結するよう、世界保健機関（ＷＨＯ）が求めたことも記憶に新しい。

おなじく知財法の一種の著作権法が、ひとの生死に直接影響することはあまりないかもしれない。しかし、著作権法はひとびとが情報にアクセスすることや、表現することを統制するがゆえ、わたしたちの「よき生」と関わりがある。

著作権法は、より多くの財を生み出すインセンティブを、著作者に与えるために必要なのだと考えられている。それを著作権のインセンティブ論という。他方、著作物は著作者の天賦の才が生み出したもので、創作者の精神が反映されたものだから、それを保護するのだという説もある。それを著作権の自然権論という。インセンティブ論では著作権は法律で作られた人工的な権利であり、自然権論ではそれは法律ができる以前からあった権利だと考える。自然権論に立つ論者のなかには、著作権は著作者の絶対不可侵な人権だとまで主張する者もいる。

それに対して、本書で考えるのは、著作者中心のインセンティブ論でも自然権論でもなく、作品のユーザーの自然権論的な立場から著作権を構想し直すことである。

本書の構成

本書では、著作権を権利者からではなくユーザーの人権の側から眺めて、「文化の発展」のための発想の転換を考える。

第一部の「作者とユーザーの人権」では、ユーザー中心の著作権の可能性を論じる。第一章では、現在の著作権法をおさらいしつつ、著作権を人権とする立場を批判的に紹介する。そして、日本の現行法中で人権的な装いをまとう部分について、「享有」概念の歴史的な混乱から考察する。第二章では、法を厳格に適用すると、かえって著作者の人権が侵されてしまうことを、障害者アートの実例から考える。第三章では、これまであまり考慮されることのなかったユーザーの人権を、世界人権宣言から構想する。そして、第四章では、ユーザーが作品を身体化し所有していることを、神経科学や言語学をもとに論じる。

第二部は「「文化」とは何か」を扱う。第五章では、「文化」の意味内容が歴史的に変遷してきたことを追う。そして、第六章では、日本の「文化」概念が二〇一七年に大きく転換したことをあきらかにする。これらの考察から、「文化」概念の理解が一筋縄ではいかないことがわかるだろう。

第三部は「文化」の囲い込みに代わる文化コモンズについてである。第七章では、文化コモンズとは何かとその意義について論じる。第八章では、活版印刷術の時代に起源のある著作権が、もとは「海賊版」へのカウンターであったことと、現代の学術界のオープンアクセス運動を紹介し、両者の根底に流れる文化コモンズと、それに対する脱コモンズ化を考える。最後の第九章では、文化コモンズの限界を踏まえ、真に「文化の発展」のためになるフェアな実践を考える。

以上のことを通して、三〇〇年以上つづいた著作権のパラダイム――権利者による作品の囲い込みが、「文化の発展」にとって障害になりかねない時代を迎えていることを、読者とともに考える。

第Ⅰ部　作者とユーザーの人権

第一章　著作権の人権論

社会には、社会全体の考え方や慣行に従わない人々に対して、そうした考え方や慣行を行為規範として、法的刑罰以外の手段によって押しつけようとする傾向がある。（J・S・ミル（関口正司訳）『自由論』岩波文庫、一八頁）

現行法のおさらい

著作権は、人権なのだろうか？

最初に、日本の著作権法をほんの少しだけおさらいしておこう。著作権は大きくわけると、著作者人格権と著作財産権とからなる。

著作者人格権は、著作者の人格的利益を守るための権利で、公表権、氏名表示権、同一性保持権（作品を勝手に改変されない権利）、名誉・声望を害する方法で著作物を利用されない権利からなる。著作者人格権は譲渡はできず、著作者の死後も守られる。

著作財産権は、複製権、上演権及び演奏権、上映権、公衆送信権など、いくつもの権利から構成されていて、個別に譲渡できる。これらは、作品をマネタイズするための基本的な権利群である。狭い意味での著作権は、著作財産権のことを指す。個々の権利の中身については、著作権法の解説書をひもといてほしい。

これはインターネットもパソコンもワープロもなかった時代に原型が作られた法律である。その頃は、プロの創作者の作品を流通業者が頒布し、受容者は作品を読む・聴く・視るなどして「消費」するだけの、一方通行の流れしかなかった。そして作品の流れを逆走して、「消費」の対価が環流した。

著作物の創作と流通は、かつての時代とは大きく変わっている。プロではないユーザーが、著作物を創作的に使用する機会が多くなっている。また、作品と対価の流れは、一方通行ではなくなっている。

ところが、著作者と受容者を切りわけて、前者を特別な存在とするみかたは依然として根強い。それについては、あるシンポジウムでの高名なマンガ家の発言が、筆者の記憶に強烈に残っている。

二〇〇六年一二月に、著作者の死後五〇年の著作権保護期間を七〇年に延ばすべきかをめぐる公開シンポジウムがあった。のちに環太平洋パートナーシップ協定（ＴＰＰ）がきっかけとなって、保護期間は強制的に七〇年になったのだが、二〇〇六年の時点では、延長すべきとする権利者側と、延長に利益なしとする専門家やユーザー側が鋭く対立していた。

そのマンガ家は、著作権は孫の代まで守られるべきだと主張していた。司会者は、自分の死後も家族を守りたいのはそば屋もうどん屋もおなじだが、「そば屋法」や「うどん屋法」はないと問いかけた。それに対してマンガ家は、「そばやうどんと一緒にしてもらっては困る。作家の作品は残る。そばやうどんはわたしにも作れる」という趣旨のことを言い放った。

作家の特権意識がはっきりとみえる発言だ。そのマンガ家が、うどんやそば作りでも超一流なのかどうかは知らない。筆者はそのマンガ家の作品は好きだが、美味しいそばやうどんも好きだし、長く愛される店の職人を尊敬する。たしかに、そばやうどんは食べたらなくなるが、そのレシピや技術は伝承されうる。

では、なぜそば屋やうどん屋には法的な保護がなく、著作者にはあるのか、それは財の性質の違いだけでは説明できない。財の流通とその歴史の観点が必要になる。

歴史は常に変化する。神のような存在がある日から人間になったり、絶対君主が倒されて市民の人権が重視される社会になったりする。作品の創作と流通にとって、二〇世紀末から二一世紀はじめが歴史の転換点であることに、誰も異論をはさまないだろう。著作権は活版印刷によって誕生し、複製と流通が困難だった時代に適合した法である。古い権利をより長く独占させるのではなく、いったん立ち止まって制度設計をやり直すべきではないか、保護期間延長問題はそういう議論だった。

歴史の転換点では、それまで考えもしなかった新しいアイデアがみつかることがある。著作権についても、これまでみすごされてきたことがあるかもしれない。

公表された作品の公共性

作品は私有財でありながら、同時にひとびとの日常的なコミュニケーションの場にも置かれることになる。ユーザーが私的に二次創作できるのは、もとの作品が公表されたものだからだ。公表された作品には公共性がある。

名作と呼ばれるものには、ひとびとの考え方や社会のムードを変えてしまうものもある。かつての韓流ブームは、日韓の交流を大きく促した。その後、ブームは落ち着いたものの、韓国文化の根強いファン層は定着したようだ。

名作はひとびとの歴史観をも変えてしまう。これも根強いファン層がある坂本龍馬（一八三六－六七）についても、その人物像は司馬遼太郎（一九二三－九六）の小説『竜馬がゆく』（一九六二－六六）で創作されたものだ。有名な「船中八策」すら龍馬が書いたものではないというのが、歴史学の常識らしい（知野 2013）。それでも、創作された物語に魅力があれば、それに感化されたひとびとが龍馬にあこがれ、現実世界を変えていく。だからこそ、郷土の人物を主人公にした大河ドラマの制作を、全国の自治体はＮＨＫに熱望する。観光客が増えることによって、現実世界が改変されることを期待して。

著作物は、それが出版や上映などによって公表されたものか否かで、法的な取扱いが違ってくる。たとえば、未公表の作品の一部を転載するには著作者の許諾がいる。公表権は著作者人格権の一部で、著作者だけが持ち譲渡はできない。[1] しかし、いったん作品が公表されると、たとえ著作物としては保護されていたとしても、作品の存在は公知となり、公共圏にあるものになる。作品や知識が公共圏に入り、加えて貧富の差なく自由にアクセスできるようになることが、格差社会の改善には重要なことはいうまでもない。

著作者人格権に氏名表示権と同一性保持権があるのは、公表された作品が公共圏に移ることと無縁ではない。作者名が変えられたり、作者が作ったものとは違うものが、そのひとの作品として公知になったりすると、著作者の人格への理解がねじ曲がってしまうからだ。

原作品だけではなく、複製物も私的に勝手に改変すると、形式的には同一性保持権の侵害になりうる（中山 2020：591）。とくに、死後の著作者の人格権侵害に対する刑事手続きは、ＴＰＰによって二〇一八年に著作権法違反の一部が新たに非親告罪化されるよりも前から非親告罪（告訴がなくても検察が起訴できる罪）だった。

その一方で、絵画などの一点ものの原作品を所有者が破壊してしまうことを、著作権法は想定していない。作者名を消すのは違法でも、作品そのものを消すのは違法ではない。所有者には民法上の処分権があるからだ。もちろん、作品の所有者としての、人類文化に対する責務を放棄することは問題だ。

（1）未公表作品の転載には複製権も関わる。

著作権は人権か？

世の中には、著作権を天賦人権のようにいうひとたちもいる。著作者人格権に人権思想が反映されていると考えられるからだ。それに加えて、著作財産権についても、憲法の基本的人権で守られた私有財産とおなじだと主張する向きもある。

著作者人格権が著者の人権に由来するとの説への異論は、あまり聞かない。氏名表示や同一性の保持など、著作者の人格的利益は、個人の幸福追求権の観点から保護されるべきだろう。ところが、一般的な人格権と著作者人格権とが同質かについては異論もある。同質と考えるならば、それを譲渡や放棄はできない。異質説に立てば、著作者人格権は著作者と著作物の結びつきを保護しているものにすぎないので、財産権寄りに解釈できる（中山 2020：578-579）。だが、総じて同質説のほうが通説のようである（岡村 2021：297）。

国際的にみれば、著作権には英米法のコモンローに由来するコピーライトと、大陸法のシビルローに由来するオーサーズライトとがある。英米法はもともと財産権のみで人格権はなく、判例の積み重ねで保護と利用のバランスをとっている。大陸法には法文による規定を細かく定め、違法／合法の線引きをはっきりさせようとする姿勢がある。日本の著作権法は、大陸法の色彩が強い。

大陸法の代表格は、フランスの著作権法だろう。その出発点は一七八九年のフランス革命にある。王権が崩壊したことで、それまで印刷業者や書籍業者が持っていた特許が効力をなくし、制度が再構築された。そのときに、特別な才能のある者に与えられるものとして、人格権と財産権が定められた。これらの権利は「著作権」ではなく、「著作者の権利」(Droit d'auteur) と呼ばれている。英語でいえばオーサーズライトである。

フランスの「著作者の権利」は、人格権や財産権ではない別の人権——表現の自由に由来している。革命後の最初の「著作者の権利」は、「一七九一年一月一三‐一九日法」による演劇上演の自由を定めたものだった。同法ではまず、第一条で劇場建設とあらゆる種類の台本の上演の自由が定められている。絶対王政期に反体制的な演劇ができなかったことへの反動である。第二条では、死後五年を経過した著作者の著作物は自由に上演できること、そして第三条に、上演には著作者の同意が必要なこと (人格権) と、違反したら全収益は著作者のものになる (財産権) とある (宮澤 1998 : 12-15)。このように、フランスにおける著作者の人格権と財産権は、表現の自由という人権に付随するもので、著作権が人権そのものなのではなかったともいえる。

著作者人格権は、もとは大陸法の制度だった。大陸法では、著作物は卓越した個人による「精神の産物」と考える傾向が強い。一方、英米法では、著作物は「投資の産物」と考えられ、著作者との結びつきは大陸法よりも弱かった。しかし、国際的な著作権保護条約である「文学的及び美術的著作物の保護に関するベルヌ条約」(ベルヌ条約、一八八六) のローマ改正 (一九二八) のさいに著作者人格権の保護が入り、戦後に大半の国がベルヌ条約に加盟していくなかで、英米法を取る国の著作権法にも、人格権が設けられるようになっていった。

ＪＡＳＲＡＣの人権論

近年の日本で著作権＝人権論を唱えたのは、日本音楽著作権協会（ＪＡＳＲＡＣ）である。たとえば、著作権法の情報誌『コピライト』の二〇一九年八月号には、こんな記事がある。

最後に、「人に人権　音楽に著作権」をスローガンに掲げるＪＡＳＲＡＣがアジアを支援するに当たって特に強調したいことは、著作権は、著作者の人格権と財産権からなる私権であって、憲法で保障された基本的人権であることを踏まえ、コモンロー諸国の功利主義的法理になじむ“copyright”ではなく、大陸法諸国の自然権的法理になじむ“author's right”と理解すべきではないかということです。（浅石 2019：47）

記事の著者は、二〇一六年六月にＪＡＳＲＡＣ理事長に就任した浅石道夫である。理事長ポストは、著名な作曲家・作詞家や昔の文部省からの天下り官僚が永く占めていた。浅石は前々任者の加藤衛（二〇〇七－一〇在任）、前任の菅原瑞夫（二〇一〇－一六在任）につづく生え抜きの理事長だ。

著作権は人権だとＪＡＳＲＡＣが盛んにいいはじめたのは、理事長が浅石になってからだ。ニコニコ生放送などの若者向けのネットメディアを通して、二〇一七年末頃からこうした訴えかけをした。

ＪＡＳＲＡＣの主張は、著作権の歴史的・理論的研究にもとづくものではない。そのルーツは、一般から募った標語にある。一九五八年三月から五月まで愛知県犬山市で開催された「日本歌謡史博」のさいに、ＪＡＳＲＡＣは「音楽著作権のための標語」を一般から募集した。そのときに、神戸市長田区の清瀬秀男作の「人に人権音楽に著作権」（原文ママ）が一等に選ばれている（日本音楽著作権協会 1958）。

ＪＡＳＲＡＣの機関誌である『日本音楽著作権協会会報』をみると、標語が選ばれた当初は、毎号のように繰り返しこれが掲載されていた。ところが、一九六〇年頃から次第に標語はフェードアウトし、筆者が調べた限りでは、一九六五年二月を最後に姿を消している。その永らく消えていた六〇年前の標語を、ＪＡＳＲＡＣの新しい運動方針として浅石が復活させたのだ。

考えてみれば、「人に人権」があり「音楽に著作権」があるので、「著作権は人権」だというのは論理的におかしい。「ＡにはＢがある。ＣにはＤがある。したがってＤはＢである」というようなものだ。

それでもＪＡＳＲＡＣは、この標語をさまざまなメディアで繰り返した。たとえば、ニコニコ生放送に浅石が出演したときの主張を、ＪＡＳＲＡＣの機関誌はつぎのように伝えている。

最後に浅石理事長は、今般の著作権を巡る議論に、知的財産権は基本的人権でありかつ私権である、という認識が大きく欠けていると指摘し、ＪＡＳＲＡＣが60年前に掲げた標語「人に

人権　音楽に著作権」を紹介した上で、著作権侵害は人権侵害と同視できる以上、著作権が損なわれる社会に未来はないことを強調した。（日本音楽著作権協会 2019）

また、二〇一九年四月に掲載された「弁護士ドットコムニュース」のインタビューでも浅石は、著作権は財産権であり、憲法の定めでは財産権は基本的人権だと主張している（山下 2019）。では、「財産権は基本的人権である。著作権は財産権である。したがって、著作権は基本的人権である」の三段論法は、正しいのだろうか？　これを成り立たせるには、前提が真でなければならない。「財産権は基本的人権である」はまちがいなさそうだ。しかし、「著作権は財産権である」は厳密さに欠ける。なぜならば、著作権などの知的財産権は、通常の財産権とは性質が異なるからだ。

財産権を構成する所有権は、物を使用・収益・処分する権利のことだ。ところが、著作物のような無体物を「処分」することはできない。音楽CDを裁断することはできても、他者の頭のなかに入った音楽を消してまわることなどできないからだ。海賊版を利用することは、コンビニでの万引きとおなじだとする啓蒙も、厳密には誤りになる。有体物の所有権と知的財産権とでは、権利の発生・帰属・消滅が異なるので、両者は別個独立の存在である（岡村 2021：3-6）。

ＪＡＳＲＡＣは、英米法系の財産権としてのコピーライトよりも、大陸法系のオーサーズライトのほうを理想にしたいのだろう。しかし、オーサーズライトは人権そのものではない。なぜならば、革命後のフランス著作権法（一七九三年法）でも、オーサーズライトは譲渡できたからだ（宮澤 1998：16）。オーサーズライトが人権ならば、譲渡することなどできないはずだ。

作曲家や作詞家は、自分の人権をＪＡＳＲＡＣに信託などできず、またそんなつもりもないだろう。信託契約によってＪＡＳＲＡＣに移転するのは、著作財産権の一部であって、著作者の人権そのものではない。そして、著作財産権は、あくまで物の所有権の概念を借りて作られた別の権利だ。

さらにいうならば、死者に人権はないとされている。著作権が純粋に人権ならば、著作者没後の作品に権利は残らず、楽曲から使用料を取ることもできないはずだ。死後もつづく権利は人権だとはいえない。ＪＡＳＲＡＣはかつて、著作権保護期間を著作者の死後七〇年に延ばせと主張し実現した。それは、著作権＝人権論と矛盾している。

日本法では著作者人格権を侵す行為は、著作者の没後も行ってはならないとされている。しかし、著作者人格権は、たとえ著作者が死んでもほかのひとには移転しないので、ＪＡＳＲＡＣに信託できるものでもない。彼らが関与しているのは、あくまで著作財産権の一部だけである。

「享有」と「専有」

日本の著作権法で人権の装いをまとう部分について、歴史的な経緯を含めてもう少し詳しく検討してみよう。

著作権法には、著作者とは「著作物を創作する者をいう」（第二条第一項第二号）とある。過去形の「創作した者」ではなく「創作する者」になっていることに、日本語としての違和感がある。その意味は、著作者とは「事実行為としての著作物の創作をした者を指す」（中山 2020：236）ということだ。

著作者は、著作者人格権と著作財産権を「享有する」（第一七条）としている。「享有」の辞書的な意味は「（能力・権力などを）生まれつき身にうけて持っていること」（『新明解国語辞典』）である。現行の法律では、憲法第一一条「国民は、すべての基本的人権の享有を妨げられない」や、民法第三条第一項「私権の享有は、出生に始まる」などにみられる用語だ。

ここで考えてみたいのは、法律用語の「享有」が、はたして「生まれながら」の意味を備えているのかどうかだ。生まれながらにしてある権利ならば、人権と考えられなくもない。有斐閣の『法律用語辞典 第四版』を引くと、「享有」は「生まれながらにして身につけて持っていること」とある。法律用語としての意味が、一般的な日本語辞書と異なるわけではないようだ。その定義をそのままあてはめると、「著作者は著作者人格権と著作財産権を生まれながらにして持っている」ことになり、あたかも著作権が人権の一種のようにみえてくる。

念のため、時代を遡って「享有」の意味を調べておきたい。日本語の初出を調べる定番の方法は、『日本国語大辞典 第二版』（以後、『日国』）にあたることだ。同辞典によると、「享有」の初出は、文部大臣や京都大学総長を務めた菊池大麓（一八五五－一九一七）が訳した、『百科全書修辞及華文』（一八七九）である。その「説服」の章に「何ソ同ク天理ヲ享有シテ生ル、者ノ特権ヲ滅却スルノ酷ナルヤ」（菊池 1879：88）とある。

では、その箇所の原文はどうだったのだろうか？『百科全書修辞及華文』の該当部分は、哲学者のアレクサンダー・ベイン（一八一八－一九〇三）の『ベイン修辞書』からの翻訳だとわかっている（菅谷 1978：13-14）。訳文は明治の漢文調で、英語の原文と違って文の切れ目がはっきりしないのだが、だいたいつぎの箇所だろう。

......it annihilates the most essential prerogative of a reasonable being, which consists in the power of determing《ママ》 his own actions in every instance ......（菅谷 1978：234）

「享有」に対応する一語はないようだが、どうやら「a reasonable being」（理性的存在）を「天理ヲ享有シテ生ル、者」と訳したようだ。意訳ではあるが、誤訳とまではいえまい。

明治時代の法文での「享有」は、大日本帝国憲法（一八八九）前文の「朕ハ……此ノ憲法及法律ノ範囲内ニ於テ其ノ享有ヲ完全ナラシムヘキコトヲ宣言ス」や、一八九六年の民法第一条ノ三

（2）レストランでの食事のように、意思表示がなくてもそれだけで法律上の権利義務（代金の支払いなど）を発生させる行為。

「私権ノ享有ハ出生ニ始マル」にもみられる。明治憲法や民法で「享有」が使われた経緯まで調べ切る能力は筆者にはない。しかし、一八七九年の菊池訳が初出とされる語が、一〇年後には法文に入っていたことは読み取れる。

だが、「享有」が「生まれながら」の意味ならば、民法でいう「私権の享有は出生に始まる」は、「生まれながら持っている私権は生まれたときにはじまる」となって同語反復にみえる。

実は民法でいう「私権の享有」は、辞書的な意味とはやや異なり権利能力（権利の主体となることができる法律上の資格、または地位）のことをいう。そして、「私権の享有は出生に始まる」は、「権利を持つのは、生まれた時からである」の意味になる（大村 2007 : 24）。「享有」はたんに「持つ」ことであって、「生まれながら」は含まない。

こういったことは、専門家でないとわかりにくい。著作権法は一般法（適用の範囲が広い法律）である民法の特別法（適用の対象が限られる法律）なので、「享有」についても民法的に読むのが適切なのだろう。

つまり、著作者は著作権の権利能力を、生まれながらにして持っている、ということになる。それでも、そこに人権を読み取ろうとするひともいるかもしれない。だが留意すべきは、生まれつきなのは「権利能力」であって権利そのものではないことだ。

著作権はいつはじまるのか？　著作権法には、権利の存続期間は「著作物の創作の時に始まる」（第五一条第一項）とある。権利能力として著作者に備わっていたものが、創作の瞬間に権利となって、卵が割れて雛が顔を出すイメージだろう。

また、著作者は著作財産権として守られる特定の利用行為を「専有」（ひとりじめ）するとなっている。全体としては「享有」している著作権のうち、財産権は「専有」すると、ワンクッションを入れた構成を取っている。そして、著作権者に「ひとりじめさせる」行為を、個別の権利として列挙している。それらは「複製権」「上演権及び演奏権」「上映権」「公衆送信権等」「展示権」「翻訳権、翻案権等」「二次的著作物の利用に関する原著作者の権利」などである。

重要なのは、おなじ法律のなかで「享有」と「専有」が使いわけられていることだ。だが、歴史的・国際的にみれば、これらの用語が最初から区別されていたわけではない。この点にもう少しこだわってみたい。

ベルヌ条約の訳文をめぐって

現在のベルヌ条約は、一九七一年のパリ改正条約（一九七九年に追加改正）のことをいう。日本やアメリカを含め、条約を批准した一七一ヵ国の著作権法は、概ねこれに沿ったものになっている。

ベルヌ条約も権利の内容を列挙する方式なのだが、正式な日本語訳をよく読むと、日本法とは微妙だが大きな違いがあることに気がつく。それは、複製権などの著作財産権はすべて、著作者が「享有」すると訳されていることだ。たとえば複製権（第九条）については、「文学的及び美術的著作物の著作者でこの条約によって保護されるものは、それらの著作物の複製……を許諾する排他的権利を享有する」といった具合だ。ちなみに、ベルヌ条約の訳文中に「専有」の語は、一切出てこない。

日本語訳は、ベルヌ条約の正文ではない。ちなみにパリ改正条約の正文のひとつである中国語訳をみると、やはり「享有」の文字がみられるので、漢字文化圏での表記はそろえられているようだ。アラビア語、英語、スペイン語、フランス語、ロシア語、中国語の正文中で、筆者が唯一、少しはまともに理解できる英語版をみると、この「享有する」の部分は enjoy, have が使われている。

英語の enjoy も have も、その権利が生まれつきのものであることを含意していないと、筆者の友人でもある英国人の編集者はいう。すなわち、ベルヌ条約の enjoy, have は「享有する」と訳されているが、それは権利能力のことではなく、生来のものかは問わずただ「権利を持っている」の意味だと解釈すべきだろう。ちなみに、フランス語の条文では、「権利を享有する」の部分は jouissent du droit になっている。英語にすれば enjoy the right であり、やはりそこに生得性はない。

フランス語の jouissent には性的オーガズムの意味もあるが、英語の enjoy にはその意味は強くない。これらの語に完全な互換性はないにもかかわらず、法律用語としては双方の訳語として使われている。そこにディスコミュニケーションが起きないのか、気になるところだ。

法律用語の enjoy は、「享有する」のほかに「享受する」の訳語を充てることもある。たとえば、著作権法にある「著作物に表現された思想又は感情の享受を目的としない利用」(第三〇条の四)の「享受」の公式英訳は enjoy である。「享受」の意味は、「与えられた、ある物事を受けおさめること。多く精神的、物質的な利益を受けて、それを味わい楽しむことをいう」(『日国』)で、これにも生得性はない。enjoy の訳語としては、生得性をも含意する「享有する」よりも「享受する」のほうが適切だろう。

それにしても、日本の著作権法が財産権を「享有する」ではなく、「専有する」としたのは条約違反なのだろうか? そうではなく、原文の enjoy, have は生得性を必ずしも含まないので、ベルヌ条約のほうを「専有」と訳すほうが、ふさわしかったのではないだろうか?

念のため、ベルヌ条約の一八八六年原条約(フランス語)を調べると、やはり jouissent の語がみえる。その訳文を当時の内務省の資料でみると、すでに「享有」の表現があてられている。たとえば「同盟国ノ一ニ属スル著作者及其ノ承継人ハ……其ノ著作物ヲ翻訳シ又ハ其ノ翻訳ヲ許與スル特権ヲ享有ス」(第五条)、「同盟国ニ於テ其ノ許諾ナキ複製ニ関シ……ニ規定セル保護ヲ享有ス」(第六条)といった具合だ(内務省 1898:2)。

これらは誤訳だったのではないだろうか? ベルヌ条約会議に派遣された外交官に黒川誠一郎(一八四九‐一九〇九)がいる。黒川は五年間パリに留学し、法律を学んでいた。日本語の「著作権」の語を作ったのも彼ではないかといわれている(吉村 1993:9–15)。ベルヌ条約が採択された一八八六年一二月九日の翌日、会議に出席した黒川が、堪能なフランス語で理解した条文を、当時の井上馨外務大臣（一八三六－一九一五）に報告した文書がある。それを読むと、jouissent の翻訳に揺れがある。第二条では「諸般ノ権利ヲ享有ス」になっているが、先ほどあげた第五条や第六条については、「享有」ではなく「特権ヲ有ス」「保護ヲ受クベシ」と訳している（外務省 1952：423）。

おそらく、権利能力の生得性を必ずしも含意しない「特権ヲ有ス」「保護ヲ受クベシ」のほうが、原文のニュアンスを伝えているのだと思う。それがベルヌ条約の訳文が整理されていくなかで、第二条で黒川が使った「享有」に統一されていったのだろう。

フランス語の jouissent について、もう少し考察しよう。この語の名詞形の jouissance を、精神科医のジャック・ラカン（一九〇一－八一）は、キータームのひとつとして使っている。言語を獲得し象徴界に入るまえの乳児が、母親の乳房を口に含み何の欠如もなく満ち足りた状態を、ラカンは jouissance と名づけた。この語は、日本語では「享楽」と訳されている。

精神病理学者の松本卓也によると、ラカンがいう享楽することとは、言語を獲得し失われたはずの享楽が回帰することであり、象徴システムの不安定化と同義である。それは死のイメージをまとっていて、健康的な意味を持つ enjoy とはほど遠いものである。実際、ラカンは英訳者が jouissance を enjoy[ment] と訳すことに同意しなかったという（松本卓也 2018：11–12）。

条約や法律は、象徴界のシステムである。松本によると、象徴界に参入した人間は、基本的に享楽を避けようとするものであり、享楽が現れるとすれば、それは〈法〉に対する侵犯になるとラカンは考えていた（松本卓也 2018：12）。だとするならば、法で権利を「jouissent＝享有する」と規定するのは、ラカン的には語義矛盾にみえる。

しかし、晩年のラカンは、「〈法〉（や社会）が個々人の享楽を殺すのではなく生かし、むしろ享楽を手懐けていくための狡猾な手段を捉えようとする方向に展開していたとも考えられる」（傍点原文ママ）（松本卓也 2018：12-13）と松本はいう。この観点は、ベルヌ条約に限らず条約や法律で、権利を持つの意味で jouissent が常用されている現状をよくとらえている。

乳飲み子の満足を jouissance とするならば、そこに生得性の意味を与えることもできるだろう。だが、ラカンが生まれるまえの時代の条文に、ラカン的な意味を読み込むのはさすがに無理がある。彼が採用した jouissance の本来の意味、すなわち生得性とは関係ない「満ち足りた状態」が、法文の「jouissent＝享有する」の解釈として適切だろう。

旧著作権法の「専有」

ベルヌ条約の jouissent を押さえたうえで、一八九九年の旧著作権法を眺めると、その書きぶりには違和感が出てくる。

第一条　文書演述図画建築彫刻模型写真其ノ他文芸学術若ハ美術ノ範囲ニ属スル著作物ノ著作

者ハ其ノ著作物ヲ複製スルノ権利ヲ専有ス（傍点筆者、後略）

ベルヌ条約では複製権は「享有」するのに、旧著作権法では「専有」するものだった。旧法は、ベルヌ条約に加盟するために制定した法律である。その目的をはたすためにも、条約の基準を満たす立法をしたはずである。

ベルヌ条約の日本語訳にあった「享有」が、旧著作権法では「著作物ヲ複製スルノ権利ヲ専有ス」に、なぜ変わったのか？ 当時の立法資料をみても、その事情はよくわからない（内務省 1904）。

しかし、旧法に「享有」の文字がまったくないわけではない。たとえば、第二一条（翻訳物）で「本法ノ保護ヲ享有ス」といった具合に使われている。

ここで疑いが生じる——旧著作権法は、「享有」を「生まれつきの権利能力」の意味では使っていないのではないだろうか？

旧法の起草者は、後に内務大臣・文部大臣になった水野錬太郎（一八六八－一九四九）である。その水野は、旧著作権法を逐条解説した著書を残している。それをひもとくと、水野は起草にあたって、ベルヌ条約の定めを十分に意識していたことがうかがえる（水野 1899 : 6）。そのうえでなお、「専有」「享有」の語を混在させていたことに、どのような思慮があったというのだろうか？

第一条の逐条解説のなかで水野は、複製権がないと「他人ハ自ラ労セスシテ利益ヲ享有スルコトヲ得ルニ至ル」(水野 1899：14)(傍点筆者)としている。また、「著作者ノ権利ヲ十分ニ保護シ、著作者ヲシテ著作物ヨリ生スル利益ヲ完全ニ享有セシメ」(水野 1899：14)(傍点筆者)と、条文にある「専有」ではなく「享有」と書いている。これらの「享有」は生得性を含んでおらず、たんに「得る」の意味だろう。

ベルヌ条約でも旧著作権法でも、著作権と「生まれつきの権利能力」は関係がなかったのではないか。著作権が何であるのかを、水野は明快に述べている。

> 此ノ如ク著作者ノ権利ハ自己ノ著作物ヲ複製スルノ専権ニシテ……此ノ権利ノ基礎ハ著作者ノ労力ニ酬ユルニアリテ……(水野 1899：13)

著作権の本質は複製権で、それは人権ではなく、著作者へのインセンティブとして「労力ニ酬ユル」ためだった。

ではなぜ、現行法では著作権は「享有」され、財産権は「専有」されると使いわけられているのか？　立法の意図を知る情報源として最も信頼されている本は、現行法の起草者の加戸守行(元JASRAC理事長、元愛媛県知事、一九三四－二〇二〇)が著した『著作権法逐条講義』である。それをひもとくと、現行法の「専有」の語は「排他的権利」を意味する法律用語として旧法からひきついだもので、条約上の考え方とおなじだという（加戸 2013：182–183）。旧法にあまりなかった「享有」を現行法に入れたことについては、同書では何も語っていない。この点は、著作権の権利能力が生まれつきのものか、そうでないのかの大転換のようにもみえるのだが、あまり問われてはいない。

あるいはこうとも考えられる――「享有」「専有」を旧法の起草者の水野は厳密に区別しなかった。しかし、現行法ではベルヌ条約の、原語では生得性を持たなかったはずの jouissent を、民法的な「権利能力」を意味する「享有」として取り込んだのではないか。結果として、著作者は著作権を「享有」するという第一七条の条文が、生まれながらの人権の色彩を帯びることになったのではないか。

著作物の利用はもともと自由である。そこに法を定めて著作者には著作権の権利能力が生まれつきあるとし、いくつかの著作財産権を個別に定めてひとりじめできるようにした。その結果、法の定めのない領域、たとえば新技術によって拓かれた新たな利用法は、自由利用の状態に置かれることになる。著作物の新たな利用法ができるたびに、権利者からみれば「無法状態」が生じ、その都度法律が厳しくなっていったことは、よく知られているとおりだ。

重要なのは、著作者は著作権を「享有」するが、作品のユーザーにもあるかもしれない権利のことを著作権法は何もいってはおらず、定めてもいないことだ。だがユーザーもまた、作品を利用する権利を「享有」しているはずだと考えることは許されよう。

そのユーザーの権利を論じるまえに、人権としての著作権ではなく、著作物の利用をめぐって、本来の意味での人権そのものが問題になる場面があることを、つぎの章で掘り下げていきたい。

第二章　障害者アートをめぐって

そうした方が本人のためになるとか、本人をもっと幸福にするとか、他の人々の意見ではそうするのが賢明で正しいことですらあるといった理由で、本人を強制して一定の行為をさせたりさせなかったりすることは、正当ではありえない。（J・S・ミル（関口正司訳）『自由論』岩波文庫、二八頁）

Art Brut とアール・ブリュット

著作権や人権の揺らぎが、障害者アートの現場で起きている。[1] 著作者のなかには、自由意思を示すことが難しかったり、契約行為が困難だったりするひとがいて、健常者とおなじ権利処理ができないことがあるのだ。

障害者が作るアートへの関心は、近年たいへん高まっている。日本の障害者の作品が欧米で評価され、マーケットでは高価で取引されてもいる。二〇一八年には、議員立法で成立した「障害

（1）「障害者」は、「障がい者」あるいは「障碍者」とするほうが適切と考える。本書では厚生労働省の表記にしたがって「障害者」としておく。

者による文化芸術活動の推進に関する法律」が施行され、国をあげての取り組みもされている。

障害者アートは、障害者の社会包摂を進めるうえで、またマーケットに打って出ることができる作家が経済的に自立するうえで、意義深いことはまちがいない。しかし同時にそれは、アートとは何か、著作者の意思と人権をどう考慮すべきかについて、根本的な問いを投げかけてもいる。

日本では、障害者アートのことをアール・ブリュットと呼ぶことが定着している。それを「生《き》の芸術」と訳すことも、ままある。アール・ブリュットは、フランスの画家ジャン・デュビュッフェ（一九〇一－八五）が提唱したArt Brutを、そのままカタカナにしたことばである。Art Brutのもとの意味は、「自然発生的でかつ強力に発明的な性格を持ったあらゆる種類——デッサン、絵画、刺繍、造型あるいは彫刻された像、等々——の作品、慣習的に芸術と呼ばれるものや紋切型の文化の影響をほとんど受けていなくて、職業的芸術界とは無縁の無名の人々の手になる作品」（テヴォー 2017：11）をいう。デュビュッフェは、西洋美術の伝統に属さず、それに毒されていない「素人」の作品に美を見い出した。最初は児童画や民族的な作品も彼は収集していたが、次第に精神障害者の作品に関心が移った。やがて、「閉じこもって人知れずコツコツと表現しつづけるひと」が、アール・ブリュット作家のイメージになっていった。それは結果的にそうなったのであって、Art Brutの本来の概念とは違うものである。

　Art Brutが日本語化したアール・ブリュットの意味は、精神に障害のあるひとが作るビジュアル・アートにほぼ限定されている。また、美術展になって巡回し、アートフェアで販売されるなど、「人知れず表現するもの」とは真逆のものになっている。アール・ブリュットが意味することは、Art Brut からは、ずれてしまっているのだ。そのようなずれが起きた要因には、日本で障害者アートに関わるひとびとの力学があったようだ。

Art Brut は英語ではアウトサイダー・アートと訳されている。Art Brut は美術界の主流からはずれた作品の意味なので、この訳語は原意をよく表している。ところが、日本では障害者アートをアウトサイダー・アートと呼ぶことには、福祉関係者の強い反発がある。アウトサイダーは、「美術界の外側」の意味であるのに、福祉関係者はそこに「社会の外側」のニュアンスを読み取り、障害者の排斥だととらえている。そうした誤読もあって、障害者アートをアウトサイダー・アートと呼ぶことは、日本では定着しているとはいいがたい。むしろ、障害者とはいえない個性豊かなひとが作るユニークなものを、アウトサイダー・アートと呼ぶ向きもある（櫛野 2018）。だが、どちらかというと、そちらのほうが Art Brut の原意に近いだろう。

アール・ブリュットの意味が、精神に障害があるひとが作るビジュアル・アートにほぼ限定されていることで、その概念が本来持っていたはずの豊かさが失われてもいる。足の悪いひとのアートはアール・ブリュットには属さない。解離性障害や統合失調症患者が作った小説や音楽で、商業的にも成功しているものは少なくないと思うが、アール・ブリュットからは除かれている。結果として、それらはアートではあってもアール・ブリュットではないので、その枠組みでの支援を受けられない。

アール・ブリュットの歩み

ここで現代日本のアール・ブリュットや、それに類似したムーブメントを振り返っておこう。(2)第一期は一九三〇年代から六〇年代半ばにかけての草創期である。この時代に、先駆的な作家と研究者が活躍した。その代表は、放浪の画家として知られた山下清（一九二二－七一）と、彼の才能を紹介した精神科医の式場隆三郎（一八九八－一九六五）である。この時代にはアール・ブリュットということばはなく、山下のような存在は「ちえおくれ」の画家といった、いまでは侮蔑的な呼ばれかたをしていた。

山下のことを、アール・ブリュットの画家と呼ぶひとは少ない。その理由は、「閉じこもって人知れず表現する」アール・ブリュットのイメージとは正反対の生き方をしたこと、商業的に成功した画家であったこと、いまでも美術館で巡回展が開かれるなど、美術界のメインストリームでも評価されていることなどにあるようだ。

芸術家の草間彌生も両義的な立ち位置にあるのだが、彼女の作品もアール・ブリュットとはいわない。個性と作風にその香りはあるものの、草間は京都市立芸術大学を卒業しているので、正規の美術教育を受けている。それに山下とおなじく、美術界で認められた存在であることも、アール・ブリュットと認められないことに影響している。

一九五五年には、滋賀県にある知的障害児施設の近江学園で、陶芸家の八木一夫（一九一八－七九）が作陶指導をはじめている。事業所でのアート指導としては、先駆的な取り組みであった。

第二期は一九六〇年代半ばから九〇年代までの発展期である。この時代にいくつかの福祉事業所でアート活動がはじまっている。代表的な事業所に、京都府亀岡市の知的障害者援護施設「松花苑みずのき寮」(現在は社会福祉法人松花苑・障害者支援施設みずのき)と、奈良市の「一般財団法人たんぽぽの家」がある。Art Brut ということばが日本に紹介されたのも、六〇年代末頃だったと推定されている。

一九五九年開設の「みずのき寮」で、日本画家の西垣籌一《ちゅういち》(一九一二-二〇〇〇)が絵画指導をはじめたのは、一九六四年のことだった[3]。はじめは機能訓練の一助になればとの思いだったが、一九七八年頃から本格的な画家の養成に舵を切った。作品が知られるようになったのは、障害者アートに注目が集まりはじめた九〇年代になってからで、デュビュッフェのコレクションを保存するローザンヌのアール・ブリュット・コレクションに、「みずのき」の作家の作品が収蔵されるまでになった。ただし、美術史学者の服部正が指摘するように、「みずのき」の作品は、西垣が正統派の美術教育を障害者アートに持ち込んで生まれたことに留意しなければならない(服部 2003 : 128)。

一九七六年に設立された「たんぽぽの家」は、「みずのき」の影響を受けている。そこでは

(2)(美術手帖 2017)を参照した。
(3)(服部 2003 : 117-131)を参照した。

「アート」と「ケア」の観点からさまざまなプロジェクトを実施している。そして一九九五年からは、障害のあるひとのアートを新しい視座でとらえ直す市民芸術運動としての「エイブル・アート・ムーブメント」を推進している。

第三期は二〇〇〇年代からの飛躍期である。滋賀県では官民をあげてアール・ブリュットを積極的に推進している。二〇〇一年には、滋賀県社会福祉事業団（現在の社会福祉法人グロー）が、近江八幡市に「ボーダレス・アートギャラリー　NO－MA」（現在の「ボーダレス・アートミュージアム　NO－MA」）を開館した。そこでは「ボーダレス・アート」、すなわち障害者と一般アーティストの作品を並列展示することをコンセプトにしている。同年には、大阪に「アトリエ　インカーブ」も誕生した。同所の特徴は、作品を障害者アートとしてではなく、あくまでも現代アートとして世に出していることである。アート市場にも積極的に打って出ており、小規模の事業所ながら、世界的に評価の高いアーティストが複数名生まれている。

二〇〇八年には、先ほどのNO－MAとローザンヌのアール・ブリュット・コレクションが連携して「アール・ブリュット／交差する魂」展が各地を巡回した。ローザンヌでも「JAPON」展が開催され、日本のアール・ブリュットが、海外で知られることとなった。

そして、二〇一〇年三月には日本のアール・ブリュットにとって転機となる展覧会が催された。モンマルトルの丘にある、パリ市立アル・サン・ピエール美術館で「アール・ブリュット・ジャポネ」展が開催され、六三名の作家によるおよそ八〇〇の作品が展示された。これもNO－MA

とアール・ブリュット・コレクションの連携事業で、日本財団が支援した。展覧会は大きな反響を呼び、予定の会期を一年延長して二〇一一年一月まで開催され、一二万人を超える観客を集めた。パリ展の後にはウィーンと国内を巡回し、話題になった。「アール・ブリュット・ジャポネ」展の出展作品は、その後日本財団の所有となり、同財団は二〇一六年から「DIVERSITY IN THE ARTS」という別のことばを掲げて活動をしている。

推進法の制定

こうした内外での成功に支えられて、障害者アートを支援する法律を求める動きが活発になった。中心になって動いたのは滋賀県社会福祉事業団である。議員立法による「障害者による文化芸術活動の推進に関する法律」(以後、推進法)が衆参両院の全会一致で可決され、二〇一八年に施行された。

同法は、「文化芸術が、これを創造し、又は享受する者の障害の有無にかかわらず、人々に心の豊かさや相互理解をもたらすものであることに鑑み、……障害者による文化芸術活動の推進に関する施策を総合的かつ計画的に推進し、もって文化芸術活動を通じた障害者の個性と能力の発揮及び社会参加の促進を図ること」(第一条)を目的にしている。そのために、基本計画を作ることと、国と地方公共団体の責務と財政上の措置などが定められている。二〇二一年度の障害者芸術関係の当初予算は、文化庁が約三・八億円、厚生労働省が約四・六億円である。障害者アートの支援に法的な裏づけができた意義はある。しかし、やや穿ったみかたをすれば、ここに新たな利権が生まれることにもなった。

推進法でとくに問題なのは、「芸術上価値が高い障害者の作品等」といった文言が頻出することだ。第三条第一項第二号「障害者による芸術上価値が高い作品等の創造に対する支援を強化すること」、第一一条「芸術上価値が高い障害者の作品等の海外への発信その他の必要な施策を講ずるものとする」、第一二条第一項「芸術上価値が高い障害者の作品等が適切な評価を受けることとなるよう」、同第二項「芸術上価値が高い障害者の作品等について適切に記録及び保存が行われることとなるよう」、第一四条「芸術上価値が高い障害者の作品等に係る販売、公演その他の事業活動について、これが円滑かつ適切に行われるよう」の四ヵ所にある。

顧みればArt Brutとは、「慣習的に芸術と呼ばれるものや紋切型の文化の影響をほとんど受けていない」（テヴォー 2017：11）いもののはずだった。ところが推進法では、障害者アートは文化芸術活動の一環であり、その「芸術上の価値」を計られるものになっている。これでは、デュビュッフェが抱いていた、西洋美術への批判精神が骨抜きになりかねない。

「芸術上価値が高い」の部分は、立法時にも問題提起がされていた（長津 2018）。参議院文教科学委員会での審議のさい、法案提出者のひとりは、アール・ブリュットが近年高い評価を受けているのに支援が十分でないことを述べたものだ、といった説明をした（参議院 2018）。それはそのとおりだとしても、法文に「芸術上価値が高い」といった修飾語を、わざわざ書き加える必要があったのだろうか。推進法が推進するのは、「芸術上価値が高い」と認められる作品、その作者、および作者が所属する事業者への支援に限定されてしまいかねない。

デュビュッフェは、「文化の特質はなんらかの作品に強い光を当て、他のすべての作品を闇に葬ることを厭わずに、その作品のために光を寄せ集めることである」（デュビュッフェ 2020：15）といった。これは、伝統的な西洋美術を批判したことばであるが、推進法に対してもそのままあてはめることができる。「芸術上価値が高い」と認定された障害者アートに光を当てつつ、そうでない作品を闇に葬ってしまうようでは、障害者の社会包摂の理念と、まったく相容れない。

推進法を具現化する「障害者による文化芸術活動の推進に関する基本的な計画」（二〇一九）を作るさいにも、「芸術上の価値」をめぐってかなりの議論があったようだ。計画中の「視点2」に「障害者による芸術上価値が高い作品等の創造に対する支援の強化」が盛り込まれている。その脚注には、「文化芸術は多様な価値を有しており、価値の尺度も様々であることから、「芸術上価値が高い」という表現により、ある特定の価値や評価軸を前提としてしまわないよう、留意が必要である」（文部科学省、厚生労働省 2019：4）とある。計画本文には、障害者の文化芸術活動には創作のプロセスに魅力があるものや、新たな価値観を提示するものがあるため、その評価を固定せず議論をつづけていく必要性が書かれている。

激論の産物だとわかる文章だ。しかし、評価を固定できないものならば、「芸術上の価値」を最初から条文に入れるべきではなかっただろう。「芸術上の価値」に確かな基準などないのに、結局は「誰か」がそれを判断することになる。

著作権法の限界とパリ展

障害者アートは、著作権の根本に対しても課題を突きつけている。著作権法では、著作者人格権を行使すること、著作財産権を譲渡することなどは、著作者の意志にもとづいている。ところが、障害者アートの著作者のなかには、障害のため彼／彼女の意思を伝えることが難しい者がいるのだ。

「アール・ブリュット・ジャポネ」展への出展をめぐって、その問題が先鋭的に現れた。何が起きたのかを、同展の公式記録集から拾っておこう。

今回の展覧会は、作家本人の権利を守るということについて、私たちの認識を大きく変えるきっかけともなっています。パリ市立アル・サン・ピエール美術館から、「出展作家との契約を確実なものとしたい」と言われ、その対応方法について弁護士に相談したところ、契約内容を理解、判断することが困難な作家には成年後見人が必要だということが示されました。このことから、各作家の元を訪れ、展覧会の概要を説明し出展への同意を求めるとともに、成年後見制度の利用が必要な作家については、制度の利用についても理解を求めました。制度の浸透がまだまだ浅いこと、現在の生活において利用していなくても困っていないことから、その話に困惑するご家族も少なくありませんでした。しかし、本人の権利を守るためということで、今回の展覧会をきっかけに手続きを進めているご家族や支援者も多くいらっしゃいます。（ボーダレス・アートミュージアムＮＯ－ＭＡ 2011：16）

成年後見人をつけると、被後見人は自分の財産の管理権を失い、当時の制度では選挙権も奪われた。しかも、回復を見込めない障害ならば、一度後見を受けると死ぬまでそれがつづく。成年後見人制度を利用することは、障害者にとって利益にもなりうるが、同時に重大な人権侵害を引き起こす危険もはらんでいる。

日本側の事務局は、パリ展に出展するための目的でそれを使った。パリ側からの要求は、「出展作家との契約を確実なものとしたい」ということであって、成年後見人をつけることを直接的に求めてきたわけではなさそうだ。その判断には、日本側の弁護士が関わっていた。しかも、作者の家族には困惑があったのに、それを押し切ったようだ。成年後見人制度を普及させたかった厚生労働省にとっては、ありがたい動きだったろう。

作者の家族と交渉をした弁護士の回想も、公式記録集に掲載されている。弁護士は、パリ展の話が起きる以前から、障害者アートの作者が成年後見人制度を利用することに尽力をしていた。

障がいのある人の美術作品を美術展に出展するには、……これまではだいたい家族から了解を得てきたのだけれど、それでいいのかと聞かれたとき、法律家の私は、卒倒しそうになった。法律的に言うとそういうことは、その作品の作者（著作者）自身が決めることであって、「家族」が決めることなどあり得ないし、それは著作権の問題であり、かつ知的障がいのある人の場合、本人に契約締結能力があるか否かという問題なのである。（川島 2011：30）

法的に厳密にいえば、そういうことなのだろう。だがこの弁護士は「しかし恥ずかしながら、著作権は、これまで私が関わることのなかった分野である。知ったか振るわけにもいかず、老骨にむち打って調べてみると、著作権の世界は奥が深かった」（川島 2011：30）ともいっている。体系書の著者たちも、「著作権法は蛸足配線状態にあり、専門家でもその条文を一読しただけでは理解できないほど難読化・複雑化しており」（中山 2020：10）、「精緻度を増すばかりの本法の構造は、知的財産権の専門家ですら理解が困難となっており」（岡村 2021：294）というように、著作権法は、法学のなかでもかなり専門性の高い分野である。この弁護士は、複雑な条文の規定は学んでも、「グレー領域」（福井 2010：219–221）、「法の余白」（水野 2017）、「寛容的利用」（田村 2019：322–325）、「黙示の許諾」の活用といった、現場での運用の知恵までは吸収しきれなかったのだろう。あるいはラカン派のことばでいえば、「法は法である」といった「象徴界のフラットな使用」によって、事態がみえなくなってしまったといえよう（松本卓也 2018：246–249）。

その後、私は、美術展への出展等の契約のために、後見人選任が必要な人たちへの説明の旅（後見人行脚）に出かけた。作家とそのご家族、彼等を支える施設の職員や学校の先生等々、たくさんの人たちとの出会いがあった。私が「後見人」、「家庭裁判所」、「財産目録」等々の言葉を発する度に「そんな難しいこと言わなくてもいいのではないか」と言って、顔をしかめる面々を前に、私は熱弁を振るい続けた。（川島 2011：30–31）

そんななか、パリ展の話がこの弁護士に来たそうだ。日本側の事務局からパリ展に出すのに成年後見人が必要かと問われて、「もちろんである」（川島 2011：31）と答えた。作者、家族、施設職員にとって、パリ展への出展は、法律の話よりもインパクトがあったという。弁護士の回想はこう締めくくられている。

よし、パリに行くなら、美術館出展等の契約が必要だ。後見人を選んで、みんなでパリに行こう。今や、著作権法の勉強も極め、専門家だと自称（ほんとに自称しているだけです）している私だが、いまだに「後見人」、「家庭裁判所」、「財産目録」と叫び続けている。最後には必ず、「パリ展に行くならね」と付け加えながら。（川島 2011：31）

障害者の人権を制限しようというのに、ずいぶんないいぐさだといわざるをえない。出展のために成年後見人をつけるのは、目的（一度の出展）に対するデメリット（人権侵害）が大きすぎるのではないか。パリ展にあたって成年後見人をなかば強要したことは、福祉関係者のあいだに強い批判がある（川井田 2013：57）。

ここには成年後見人制度が持つ問題も関係している。一度後見人をつけると死ぬまで止められないようなものではなく、目的に応じて期間限定の後見も可能となるような制度があれば、少しは問題が改善するかもしれない。

また、いくら成年後見人をつけたとしても、著作者人格権を著作者から離すことはできず、それを後見人が代理することはできないだろう。すなわち、公表権を持つ著作者の自由意思を確認できないまま、作品が公表されるケースが発生しうる。美術作品の場合、成年後見人によって著作財産権の展示権が譲渡されているか、あるいは作品そのものの所有権が移転していれば、著作者でなくても作品を展示できるのかもしれない。しかし、公表権を持つ著作者の同意がないと、公表の可否は実はグレーである。著作者に権利行使の能力がなさそうだから、そうしても問題にならないだけのことであって、成年後見人をつけたら法的に磐石になるわけではない。だが、公表権の問題をクリアできないからといって、作品を永久にお蔵入りにしてしまっては、「文化の発展」に反する。著作権法を厳しく守ると、意志を表明できない著作者にとっては問題のあることが、障害者アートの現場からみえてくる。

障害者アートの著作権

障害者施設で著作権に関心が深まるようになったのは、パリ展に向けて準備が進んでいた二〇〇九年頃からのようである。同年に「NPO法人　はれたりくもったり」が、厚生労働省の支援を受けて「障害者アートの価値向上に伴う、作家の権利擁護の在り方に関する研究事業」をし、報告書をまとめている（牛谷ほか 2009）。そのなかでも、厚労省が推進していた成年後見人制度の利用が打ち出されている。

事業所での活動の一環として製作され、ときには表現内容にまで職員が介入し、しかも材料費を事業所が負担した作品の権利が自動的に作者のものになることに、なかなか理解が得られないこともあった。それでも、以前は障害者の作品に価値を見い出されていなかったので、著作権や契約がおざなりでも、さして問題にはならなかった。それが美術館に展示され、高値がつくような作家が出ると、著作権や作品の所有権に関心を持ち、主張をはじめる家族もいたという話も聞く。

二〇一五年から一七年にかけて、障害者アートの著作権や所有権についてのガイドブックやサンプル契約書が、相次いで公表されている。それらのうち、「NPO法人ひゅーるぽん　アートサポートセンターひゅるる」のハンドブックには、「作品の所有・保管・廃棄に関する契約書」「著作権利用許諾契約書」「商品化許諾契約書」の三種類のひな形が用意されている（加藤ほか 2017：27–39）。第一の契約書では、画材費等を誰が負担するのか、著作権を事業所に移転するのか、所有権の帰属先、作品とデジタルデータの保管期間と期間後の措置などが定められている。第二の契約書では、著作財産権の許諾内容、著作者人格権に関わる変更を事業所がする場合には事前に協議すること、利益の配分方法などが示されている。そして第三の契約書では、外部企業による著作権の利用を作者自身が許諾すること、著作権は作者に留保すること、当該企業以外にも許諾し、あるいは自ら二次利用できること、の三点を基本姿勢としてひな形が作られている。

これの作成に関わった弁護士は、成年後見人制度の利用については、つぎのように述べている。

生活の一部にとどまるアートについての権利関係を明確にすることだけを目的に、成年後見制度（後見、保佐、補助）を利用すると、アーティストのその他の生活にも制限が生じうることになります。それは、果たして作者である障がいを持った人のためになるのだろうかと疑問があります。契約によって生じる経済的価値がとても大きい等、個々の事情に応じて、成年後見制度の利用を検討するべきです。（三浦 2015：25）

では、契約能力はないと認められる知的障害者と、成年後見人を使わずに契約するには、どうすればよいのだろうか？「東京アール・ブリュットサポートセンターＲｉｇｈｔｓ」がまとめたハンドブックに、ひとつの現実的な解法がある。意思能力の有無がはっきりしない障害者との契約について、後見人としか認めないといった、杓子定規な対応をすることには反対しつつ、つぎのように述べている。

……契約に基づいて著作物を利用し、後にこの［障害者との］契約が無効であることが判明したとしても、著作者が被る不利益が非常に軽微であると考えられる場合は、……著作者に加え、著作者と一番近い関係にあるご親族が著作物の利用について了解されているのであれば、著作者及びご親族に署名・捺印をいただき、契約を締結する、という方法です。（社会福祉法人愛成会 2017：32-33）

この方法ならば、係争になるリスクをかなり低くできるという。こういったことが、法を厳密に適用しないことで、作者の人権保護と「文化の発展」を同時に達成する、現場の知恵というものだろう。

筆者が取材したいくつかの事業所のなかから、実際の運用を三つ紹介したい。A事業所では、販売価格が三〇〇〇円以上のものを作者の「作品」とし、それ未満のものを事業所の「商品」と位置づけている。「作品」については作者と契約し、売上の三〇％を作者に支払う。「商品」については、年間売上が三万円を超えたら一〇％を還元する。デザイン使用の場合の作者のロイヤリティーは、三〇％に設定している。A事業所では作品の展示や使用、販売のために成年後見人制度を利用することには強く反対していて、本人を含めた家族との話し合いを徹底するようにしている。また、日頃からともに生活している職員には、意志表示の苦手な作家が作品をどうしたいのかの意思が、おおよそわかることもあるという。

B事業所では、著作財産権も作品の所有権も、事業所に帰属する形で契約をしている。成年後見人の利用は否定していない。作品の販売については、四〇%を経費として事業所がとり、六〇%を作者に支払っている。グッズへのデザイン使用については、三万円を上限として販売価格と同額を作者に支払い、販売収益は事業所に所属するアーティスト全員に等分している。

C事業所では、作品の展示はしても販売はしていない。そこは比較的長い歴史のある事業所で、過去に作られた作品は膨大にあり、専用の収蔵庫を作って作品の保存に努めている。また、自前の美術館で展示しているほか、作品のデジタル化にも取り組み、検索システムの構築もしている。しかし、古い作品には誰が作者かわからなくなっているものがあり、利活用の面では課題があるようにみえた。

このように、障害者アートに取り組む事業所の事情はさまざまである。筆者が取材した事業所では、いずれも障害者の生活と人権を第一に考えていた。それでも著作権の問題を乗り越えることが難しそうな事例もある。ある事業所で出会った表現者は、テレビでおなじみのキャラクターを描いた作品を、一枚あたり三〇秒くらいの圧倒的なスピードで量産しつづけていた。それが彼女が生きていることの表現のように感じた。だが、そういったものは、推進法がいう「芸術上価値が高い」作品にはあたらない可能性がある。権利処理のコストを考えると、販売はもとより、働きをする。

展示もできないかもしれない。作家の「生」が感じられる作品でも、著作権はそれを封じ込める

「文化の発展」に向けた可能性

以上のように、障害者アートの現場をみわたせば、著作者の自由意思によって著作者人格権と著作財産権を行使するという、法の暗黙の前提が成り立たないことがあるのがわかる。そこでは、法の厳格な運用と著作者の人権がぶつかり、後者がないがしろにされることもある。障害者アートに関わっているのは主に福祉関係者で、アートのことでありながら美術関係者との接点は多くないことも課題である。また、法律によって利権が生まれ、権力が生じたひずみを指摘する声もある。残念なことに、週刊誌を賑わす内部告発も起きている（中原 2020）。

しかし、それでも筆者は、障害者アートに「文化の発展」に向けた大きな可能性をみている。たしかに、障害者アートには、細かく単調な作業を延々とつづけなければできない、ある種の疾患に特徴的な表現があり、そういったものが評価されている。しかし、ひとびとの心をつかむ、思いもよらないような表現をする能力は、案外、誰にでも備わっているのではないだろうか。

福祉事業所で創作活動をする作者たちは、給付金によって一定レベルの生活が担保されており、何をしてもよい自由とたっぷりの時間を与えられている。描きたければ描き、寝ていたければいくらでも寝ていられる環境があれば、人間のポテンシャルが引き出され、多様な表現が生まれ、

「文化の発展」に資するのではないのだろうか——そんなことを、障害者アートは夢想させてくれるのだ。

第三章　ユーザーの人権

個人は、自分自身に対しては、自分自身の身体と精神に対しては、主権者である。（J・S・ミル（関口正司訳）『自由論』岩波文庫、二八頁）

人間の「生」と著作権

著作物のユーザーにも人権がある——ここからは視点を大きく転換し、「文化の発展」の未来形を構想する手がかりを探してみたい。

耳についた音楽が、頭のなかで勝手に「脳内再生」されることを、誰しも経験しているだろう。音楽の「脳内再生」は、意思とは無関係にはじまり、止めようとしても止まらず、一度止まってもふとしたことでまた鳴り出す。こういう現象が起こる「わたしの身体」をどう考えたらよいのだろうか。

ピアノでも何でも楽器になじんでいれば、奏でたい曲を指が覚えている。とくにどの音をと考えなくても、体が無意識に動いて正しい音を鳴らす。こういうことを、どう考えたらよいのだろうか。

音楽の「脳内再生」にしても、楽器の演奏にしても、これらは作品が身体化していることを意味する。音楽が脳神経系に深く刻み込まれ、作品が自分という存在と一体になっているのだ。それは「他者の」作品であると同時に、「自分の」作品でもある。

もちろん、著作権はユーザーの内面にまでは踏み込まない。音楽を「脳内再生」したからといって、ＪＡＳＲＡＣから使用料を請求されることもない。私的領域を越えて使っていなければ、著作権はほぼ発動しない。著作物の私的使用や、「脳内再生」のような「内面での使用」の自由は保障されている。

人間の内面は、幾多の著作物でできている。わたしたちの心のなかには、誰かの小説や詩、評論、音楽、映画、写真、絵画などがある。わたしたちは、他者の著作物を使って自分を表現することもある。友人や同僚とカラオケに行けば、そこで誰が何を歌うかで人柄を知る。著作物の使用は、実は人間の「生」の深い部分に直結することなのだ。

世界人権宣言から考える

著作物を自由に利用することは、ユーザーの自然な行動である。何の法もなければ、ひとびとは大勢のまえで流行歌をうたい、自作ではないがお気に入りの写真や映像を、ネットに上げることを楽しむだろう。それらは人間の生来の欲求による表現行為である。

自作であろうと他作であろうと、法の制限がなければひとは著作物を自由に利用することができる。本書では、その現代的な源を一九四八年に国連総会で採択された世界人権宣言に求めたい。こういうと、胡散臭さを感じてしまう読者もいるだろう。人権の主張が異論を封じる「錦の御旗」として使われることがあるからだ。筆者はそのようなことはしたくない。人権が大切なのは、堅い甲羅も鋭い牙も持たず、ひとりでは生きられない弱い生物との人間観に立ち、人権による個の尊重と相互扶助こそが人類の生存戦略だからだと考えている。

世界人権宣言の第一条には、「すべての人間は、生まれながらにして自由であり、かつ、尊厳と権利とについて平等である。人間は、理性と良心とを授けられており、互いに同胞の精神をもって行動しなければならない」とある。(1) これは大量殺りくを引き起こした歴史の反省に立った、人類の認識の現到達点である。宣言は全体として、途上国での人権保護を訴えているように思えるかもしれない。だが、人権を守ることに途上国も先進国もない。そうした精神に立つならば、著作者とユーザーとはともに自由であり、平等であり、互いに同胞である。

世界人権宣言にある、ユーザーの権利と関わる大事な条項を順にみておこう。まずは表現の自由についてだ。

第一九条　すべて人は、意見及び表現の自由を享有する権利を有する。この権利は、干渉を受

(1) https://www.ohchr.org/EN/UDHR/Pages/Language.aspx/LangID=jpn（二〇二一年三月二二日閲覧）

けることなく自己の意見をもつ自由並びにあらゆる手段により、また、国境を越えると否とにかかわりなく、情報及び思想を求め、受け、及び伝える自由を含む。

ひとは国境を越えて情報や思想を求め、受ける自由を持つ。この宣言が作られた当時よりも、情報や思想が国境を越えて伝わる量もスピードも格段に増えている。デジタル環境で情報や思想を求め、受けるとは、技術的にはファイルのコピーを作ることにほかならない。ファイルのダウンロードだけではなく、ブラウジングやストリーミングも、その本質はコピーである。現代ではこの条項は、デジタルコピーの自由と読むことができる。

さらに第一九条は、そうして受け取った情報や思想を伝える自由があるという。すなわち、ユーザーにはコピーを配る自由がある。まずそのことを認識の出発点としたい。

そのように発想を転換すると、著作権というものが通念とは違ってみえてくる。誰かの創作物であれ何であれ、すべてのものをコピーし伝える自由がユーザーにはある――それが出発点であり、著作権は著作物を利用する権利を例外的・一時的に著作権者に独占させているのだ。誰かの創作物のコピー禁止が所与なのではなく、コピーの自由が最初にあると考えることができるのだ。

つづいて、「文化的権利」についての第二二条と第二七条をみておきたい。

第二二条　すべて人は、……自己の尊厳と自己の人格の自由な発展とに欠くことのできない経済的、社会的及び文化的権利の実現に対する権利を有する。

人格は文化を享受するなかで発展を遂げることができる。自由な表現がなされ、それが広がらなければ文化は発展せず、個々の人間性は育まれず、人間らしく生きることもできない。

第二七条　1　すべて人は、自由に社会の文化生活に参加し、芸術を鑑賞し、及び科学の進歩とその恩恵とにあずかる権利を有する。

宣言が出された当初の文脈では、これは途上国の住民やマイノリティーが虐げられることなく文化的な暮らしをし、伝染病に苦しんでいるならば、先進国が開発したワクチンを接種できるようなことを指していたと思われる。しかし、この条項に現代的な意義を与えることもできる。歌をうたい、踊り、二次創作し、それらをネットで共有し、鑑賞する権利がすべてのひとにあることは、この条項に書き込まれていると考えてよいのではないだろうか。しかし、だからといって創作者のことはどうでもよいのではない。そのことは、これにつづく項に書かれてある。

2　すべて人は、その創作した科学的、文学的又は美術的作品から生ずる精神的及び物質的利益を保護される権利を有する。

第一項で文化生活に参加する権利をいうと同時に、第二項で自己の創作物から得られる利益は保護される権利があるという。世界人権宣言は人権としての著作権を否定していないようにもみえる。

第二項は、著作権が人権であることの証左だと考えるひともいる。しかし、実際は必ずしもそうではない。先進国では、表現の自由は広く認められていて、日本では憲法で保障されている。しかし、著作権を人権の一部とするのは一般的ではない。著作権は権力による言論統制の目的で、書籍業者に与えた独占権にひとつの起源がある。それを人権的に扱ってきたのは大陸法であって、英米法はそうではない。

あえていうならば、アメリカ合衆国憲法第八条第八項には連邦議会の立法権限として、「著作者および発明者に対し、一定期間その著作および発明に関する独占的権利を保障することにより、学術および有益な技芸の進歩を促進する権限」[2]がある。しかし、これはあくまで議会にそうした立法をする権限があるということであって、現在のような形の著作権が、人民と政府との契約に直接的に入っているのではない。しかもその目的は、「学術および有益な技芸の進歩を促進する」ためなので、著作者個人の人権ではなく、公共の利益を求めている。

知財法学者のクリストフ・ガイガーは、世界人権宣言も後述の社会権規約も「創作者の有形および無形の利益は「財産権」という形で保護されるべきであるとは判断していないことを強調することが重要である」（ガイガー 2012：293）と述べている。ガイガーが具体的にどのようなものを想定しているのかはわからない。しかし、考えようによっては、著作権のない時代の原稿買取制度でも、創作者に物質的な利益はあったともいえる。

第二七条の第一項と第二項の順序は重要である。法的な文書の原則として、条文は重要なこと、原則的なことを先に書き、重要度が下がること、例外的なことを後に書く。その原則にしたがえば、ひとびとには自由に社会の文化生活に参加し、芸術を鑑賞し、科学の進歩の恩恵にあずかる権利があることが原則である。その例外として、創作者に権利があることになる。

この宣言が出された時代にも留意しなければならない。世界人権宣言が出された一九四八年には、コピー機すらなかった。カメラやテープレコーダーはあったが、それらを使ってコピーしたものを広める手段が個人にはなかった。「自由に社会の文化生活に参加」するために必要なことは、宣言の当時とは大きく変化している。著作物を流通させる手段が特定の者にしかなければ、第二項で利益を保護されるのは、ごく限られたひとたちである。しかし、デジタル技術とインターネットの恩恵により作品を利用する新たな方法が生まれ、それを最大限に活用する権利が現代を生きるすべてのひとびとにはある。そんな時代では、第一項と第二項の矛盾が目立つ。

第二項のような規定が人権についての宣言に含まれていることに、そもそも違和感がある。著作権が人権ならば、それが譲渡できることも、死後に権利がつづくこともありえない。先人が作

（2） https://americancenterjapan.com/aboutusa/laws/2566/（二〇二一年三月二一日閲覧）

り上げたものを利用することなしに、文化的な生活はできないことが踏まえられていない。他者が生み出したものをまったく下敷きにせず、自分自身のことばを語ることができ、自分のメロディーを作ることができ、自分のキャラクターを描き出すことが、すべてのひとにできるはずだという、およそ非現実的な人間観がここにはあるように思う。自分のことばでうまく語れず、よいメロディーを自分で作ることができず、萌えるキャラクターを自分では描けないが、心を打たれた作品を使って自分の表現したいひとびとのことを、世界人権宣言のこの部分は相手にしていない。こうしたひとびとは、創造性の足りない「弱者」なのかもしれないが、マイノリティーではない。「弱いマジョリティー」あるいは「グローバル・マス」ともいえるひとびとのことを考えない「人権宣言」など、ありえるのだろうか？

宣言の起草時の議論でも、第二項をめぐって論争があった（Morsink 1999: 219–222）。起草に参加した各国で、人権的側面がある著作者人格権は、必ずしも認められていなかったからだ。最初の起草委員会では、著作権を宣言に含めることは否決されていた。しかし、人権的な著作権法を持つフランスが、この条項にこだわり修正案を出した。そして、一九四八年九月から一二月にかけて開催された委員会で、フランスに賛同する一八ヵ国の賛成多数で承認された。反対は一三ヵ国で、共産主義国をはじめとする一〇ヵ国は棄権した。

実は、同年六月にベルギーのブラッセルでベルヌ条約会議があった。ブラッセル改正では、著作者人格権の改定が議論されており、人格権の強化に欧州が動いていた時期でもあった（戸波

1997)。しかし、それはアメリカをはじめベルヌ条約に加盟していなかった国々には関係のないことだった。人権宣言の起草委員会では、知的財産権は人権などではまったくないとする主張もあった。第一項と矛盾するような第二項があることの裏では、各国間で駆け引きがあったのだ。世界人権宣言を受けて、国連人権委員会が作成した「経済的、社会的及び文化的権利に関する国際規約」(社会権規約)がある。これは一九六六年に国連総会で採択され、一九七六年に発効した。その締約国は一七〇ヵ国に及ぶ。そこにも「文化的権利」についての規定がある。(3)

第一五条　1　この規約の締約国は、すべての者の次の権利を認める。
(a)文化的な生活に参加する権利
(b)科学の進歩及びその利用による利益を享受する権利
(c)自己の科学的、文学的又は芸術的作品により生ずる精神的及び物質的利益が保護されることを享受する権利

世界人権宣言とほぼおなじことが書かれてあるので、説明を繰り返す必要はなかろう。この条文の起草時にも、(c)に著作者の権利を含む知的財産権を入れるべきか否かの論争があった。

(3) https://www.mofa.go.jp/mofaj/gaiko/kiyaku/2b_004.html(二〇二一年三月二二日閲覧)

知財権は（a）（b）と矛盾してしまうことがあるからだ。だが、最終的にはフランスとユネスコが推して（c）が採択された（Chapman 2001: 12–13）。

世界人権宣言が理念的な文書であり法的拘束力はないとする説がある一方で、こちらはより実効性のある規定になっている。社会権規約は各国が批准し、これを満たす国内法が整備されるからだ。ただし、社会権規約にある権利は、第二条で「漸進的に」達成することが求められていて、即時に対応する必要はないとされている。

では、現在の日本の状況は、この「文化的権利」の観点からどう評価できるだろうか？　たしかに、格差の問題はあるにせよ、国民は文化的な生活にある程度は参加できている。科学の進歩の恩恵も、だいたい享受できているといえよう。もちろん、著作権が充実しているおかげで、文学や芸術作品の創作からの利益も保護されている。

しかし、インターネットという情報科学の恩恵と、それを前提にした文化生活の権利が、著作権法の相次ぐ強化によって、だんだんと狭くなっている現実がある。つまり、（c）の保護が大きくなって、（a）（b）の領域が浸食されている。さらにいうならば、著作権者の利益の保護が、ネット生活の便益に優先して当然のような言論が、ふつうに幅を効かせている。それは権利者が何十年かかけて作った雰囲気であり、彼らの意図にそって醸成されたものであることに、ユーザーは気がつかなければならない。

ではない。

「公正な利用」と「公共の福祉」

おなじことを繰り返すようだが、著作権は法律によって与えられた権利であって、天賦の人権ではない。

著作権法は、著作権者に権利があることを前提に、「文化的所産の公正な利用に留意」してそれを制限する。『新明解国語辞典』によると、「公正」とは「特定の人だけの利益を守るのではなく、だれに対しても公平に扱う様子」を意味する。一方で、人権はユーザーを含む個々人を差別することなく強力に守るもので、この点でも、著作権と人権は根本的に違う。

人権は不可侵だが、互いの人権がぶつかるときには、「公共の福祉」の観点から制限される。『日国』によると、「公共の福祉」とは「社会一般に共通する利益や幸福」のことである。また、有斐閣の『法律用語辞典　第四版』には、「個々の人間の個別利益を超え又はそれを制約する機能をもつ公共的利益あるいは社会全体の利益を指す語。主として基本的人権その他の諸権利の制約要因として法令上用いられている概念であるが、その具体的内容については争いがある」とある。

考えなければならないのは、著作権の人権論にこだわることが、権利者にとって得策かどうかだ。不可侵な人権も、「公共の福祉」のためには制限されるので、何がその時代の「公共の福祉」なのかに注目が集まるからだ。

その場合、商業的に成功したごく少数の著作権者と、それを享受する大多数のひとびとの、どちらが「社会一般」なのかが問われよう。「公共の福祉」の具体的な内容については争いがあることからも、そうした議論は成熟していない。さらにいうならば、ネット時代以後の「公共の福祉」は、以前とは意味合いが変わっているのではないか。人権を持ち出すことで「公共の福祉」を問われないほうが、いまの著作権者にとってはよいことなのではないだろうか。

「公正な利用」のための「費用」

ところで、「文化的所産の公正な利用」のための「費用」は、誰かが負担しているのだろうか？ 文化庁の「著作権なるほど質問箱」というウェブサイトに、「著作物等の「例外的な無断利用」ができる場合」という一般向けの解説がある。そこにはこんな表現がみられる。

通常は、「公益」を実現するための「費用」は税金でまかなわれますが、著作権の制限の場合はその費用を「権利者個人」に負わせている、ということもよく認識しておく必要があります。(4)

ここで文化庁がいう「費用」とは何だろうか？ 学校で教材のコピーを取るための費用を権利者が払っているわけではなかろう。「費用」とはおそらく、著作物を例外的に無断で利用することによる、機会利益の逸失のことをいっているのだろう。

しかし、著作権を例外的に制限したら、ほんとうに機会利益が失われるのだろうか？「学校その他の教育機関における複製等」（第三五条）の例外をなくし、権利者が学校に対して許諾や使用料の支払いを厳格に求めたら、そういう権利者の作品は使われなくなる恐れがある。

二〇一八年の著作権法改正で、授業目的公衆送信補償金制度ができ、学校が授業をオンデマンド配信する場合は、学生・生徒数に応じた補償金を支払わなくてはならなくなった。それとて、子どもたちの教育のためならば自由に使ってもらってよいと考える権利者は、少なからずいることだろう。補償金を受け取れなくても、教育利用のために「費用」を負担しているという意識は、彼ら／彼女らにはないはずだ。

公益目的の権利制限によって、社会の厚生水準は上がる。入試問題に使われた著作物は、問題集に収録されて著作権者に利益が還元されることが多い。出題されて関心を持った教育関係者や生徒・学生、保護者らがもとの著作物を買い求めることもあろう。教育の場や入試で活用されたことを、名誉に思う権利者も少なくなかろう。「公益」のための利用は、その「費用」を「権利者個人」が負担しているどころか、さまざまな形の利益になって権利者に還元する。文化庁がいうように、権利制限には「費用」が発生し、それを「権利者個人」が負っていると一般化することはおかしい。

（4） https://pf.bunka.go.jp/chosaku/chosakuken/naruhodo/outline/8.html（二〇二一年三月二二日閲覧）

ユーザーの人格権

著作権は人権とはいえない。また、著作権は人権だと権利者が主張するのは賢明でないだろう。一方で、著作物のユーザーには人権に根ざした権利があってよい。社会権規約第一五条第一項（a）「文化的な生活に参加する権利」、（b）「科学の進歩及びその利用による利益を享受する権利」を現代のコンテクストで達成するためには、どのようにすればよいのだろうか？　それについて、大胆に思考実験をしてみよう。

たとえば、ユーザーによる私的使用に加えて、二次的著作物を創ること・公表することに、原著作者の権利がフルに及ばないようにすることが考えられる。私的使用は著作権の例外的な制限ではなく、ユーザーの権利としての「私的使用権」にする。これをユーザーの人権にもとづく人格権と位置づけることが考えられる。また、原著作者はユーザー作品の製作・公表を拒否できず、二次的著作物には正当性が認められる範囲での報酬請求権のみ持つことにする。

著作物ユーザーの人権に注目したのは、筆者が最初ではない。たとえば、知財法学者の張睿暎は、「人権に基づく著作権法フレーム」を提唱している。それは著作物へのアクセスや使用、二次創作などを、著作権を侵害しているか否かの一元的な尺度ではなく、文化への影響も含めた多元的な基準で考慮するものである。そのために、「著作者およびユーザの権利をすべて人権と考え、すべての権利を対等において利益衡量をするのがよいのではないか」（張 2009：303）という。筆者は、いまのような著作財産権を人権とは考えない。しかし、ユーザーの人権に由来する人格権とそれとを勘案することには賛同できる。

著作権者だけではなく、ユーザーを含めた多様なアクターの人権を論じた出版物には、このほかにも「はじめに」で触れたサンダーの本（Sunder 2012）に加えて（Chapman 2001）（Okediji 2018）などがある。これらはみな、世界人権宣言第二七条を念頭においている。しかし残念ながら、この種の議論が国際的に熟してきたとはいえないようだ。

「私的使用権」については、著作権法の泰斗である中山信弘が書いた体系書にも、つぎのような一文がある。

しかしデジタル時代において、「ユーザの権利」と呼ぶか否かは別として、ユーザ側からの視点も重要である。……例えば、30条は、私的使用目的での複製は合法とされているが、むしろその部分はユーザが自由に複製できる権利として捉え、そのことの文化的意味を探求するという必要もあろう。（中山 2020：17）

わたしたちの内面はさまざまな著作物からできていて、それを私的な範囲で使用する権利を持つことは、世界人権宣言第二二条の「すべて人は、……自己の尊厳と自己の人格の自由な発展とに欠くことのできない経済的、社会的及び文化的権利の実現に対する権利を有する」ことにあたると考える。

「私的使用権」の一部である「私的複製権」については、欧州であったいくつかの裁判で否定されている（張 2009：297–299）。現在の法的な枠組みでは、「私的複製」は法律上の例外であって権利とは認められない。発想を根本的に転換しない限り、「私的使用権」の実現は難しいだろうとも思う。

翻訳・翻案や二次創作などの二次的著作物を製作し公表することは、その行為自体が個人の人格の発露である。いまのように原著作者がそれを禁止できるのでは、ユーザーの人権を制限しているとも考えられる。翻訳・翻案物、二次創作物は「元ネタ」とは別のものであり、もとの著作者の創造性が及ばない新しい作品だといえる。原著作権者の求めがあれば正当な範囲での報酬を支払いつつも、作品を公表する自由は守られるべきだと考える。このやり方は、二次創作界隈で侵害が黙認されている実態を、積極的な意味で保存することにもつながる。ちなみに、上演、演奏、上映、口述については、非営利、無料かつ無報酬であれば、いまでも無許諾でできる（第三八条第一項）。また、著作財産権を許諾権ではなく報酬請求権にする議論は、産業振興の観点から著作権法の改革を求める声のなかにもある。

当然のことながら、二次的著作物にユーザーの人格権を認めるには相応の創作性がなければならず、デッドコピー（複製品）は含まれない。なお、これはあくまで個人の人権に根ざすものなので、法人による利用は含まない。

また、ユーザーの内面を形成している著作物への、恒久的なアクセスを可能な限り確保することも必要ではないか。著作物へのアクセスの確保とは、影響を受けた作品がこの世から消されてしまわない権利である。これはすべての著作物へのアクセスと使用がユーザーの権利だというのではない。あくまで、ユーザーが一度触れたことがある作品が対象となろう。したがって、対象は公表された著作物に限定される。もちろん、最初のアクセスは無料でなくてもよい。動画のデジタル・リマスタリングのように、高品質化があった場合は、新たな財産権が発生すると考えてもよい。ダウンロード可能かつコピー制限なしで公表した作品は、ユーザーのアクセス権を確保済みと考えて、ネット公開を恒久的につづけなくてもよいだろう。

この立場からは、ユーザーによるデータ保存を邪魔するプロテクトは禁じられる。技術が古くなってメディアが再生できなくなったら、ユーザーのアクセス権が無効になるからである。何らかのプロテクトを許すとしても、いまのＤＶＤやブルーレイのように、著作権の保護期間を超えてなおコンテンツを保護しつづけるプロテクトは許されない。それは著作権は永久ではない原則を、事実上、骨抜きにしてしまうからだ。

保護期間を過ぎたものや販売しなくなった作品は、公的なデジタルアーカイブで公開する。これには著作権法だけではなく、アーカイブ法制なども援用する必要があろう。同時に、アクセス権の観点からは、美術品のような一点もので有体の作品は、人生で二度は原物をみられるよう、最長でも五〇年に一度は公開してほしい。

ユーザーの自由を高める法理に、アメリカ著作権法のフェアユース規定がある。これは、批評、解説、ニュース報道、教授、研究、調査等が目的の利用で、もとの権利者の利益を害しない場合に著作物を自由に利用できるものだ。ただし、これはユーザーの権利ではなく、著作権侵害の主張に対する抗弁として法廷で使うものである。しかし、この規定があるおかげで、権利者が裁判で争わず、結果的にユーザーの自由が守られている。

ユーザーの人格権は、フェアユースとはまったく違うものになる。それは抗弁の手段ではなく権利である。法廷技術ではなくユーザーの人権に根ざすものである。またそれは、最終的に著作権者を増やすことにもつながる。創作をするまえの人間はみな、著作物のユーザーだからだ。

とはいえ、ここで思考実験したことが実現すれば、ユーザーの人権がすべて守られるということでもない。また、これらを現在の著作権法に溶け込ませることは、恐らく不可能だろう。たとえできたとしても、ただでさえも複雑怪奇な法律が、一層わけのわからないものになるだけだ。法の根本的なリストラが必要なのだが、それができるのは、ずっと遠い未来かもしれない。

第四章　作品が身体化する

自分も自意識の内にこもって、自分のためだけの音楽を作っていた時期も過去にはあったんですけど、自分の中を掘り下げるほど、他者への道が開いていく。結局、自分を構成しているものは、他者からもらったものにたどり着くんですね。（米津玄師へのインタビュー『朝日新聞デジタル』二〇二一年一月一日配信）

脳のしくみを知る

ユーザーの人権は、受け取った作品が身体化していることにその根拠がある。わたしたちは、小説やテレビ・映画に出てくるエピソードを記憶する。印象的な場面は、一度読んだりみたりしただけで、脳裏に深く刻まれることがある。とっくに忘れていてもおかしくないくらい遠い昔にみたテレビ番組でも、ふとした瞬間に一シーンが蘇ることがある。過去に受容した著作物が、わたしたちの記憶の一部となって内面を形作っているのだ。

反復して触れた作品が記憶されやすいのは確かだろう。一方で、一度しかみていないはずの映画の一場面を覚えていられるのは、なぜなのだろうか？　それを知るには、文化的所産の受容に関わる科学への目配りが必要だ。神経科学は、受け取った情報によって中枢の神経回路が変化すると教えている。そうして作品が身体の一部になる、そのメカニズムのあらましをみていこう。

視覚による情動と認識

目のまえに心を動かされるイラストがある。こんな絵を描けるようになりたいと思う。そうした心の動きは、一般には情動や感情と呼ばれるが、神経科学では両者を区別している。情動は驚きや怒りなど、ほとんど無意識に起こる生理反応をいう。それに対して感情は、情動反応を意識化して知覚したものである。

情動は無意識の反応で、それが起こるのは経験の蓄積か、あるいは遺伝子レベルで規定されている。どちらにせよ、身体に記録された情報が読み出され、情動となって発動するものだ。視覚・聴覚・触覚の刺激が脳の扁桃体・視床下部・脳幹を活性化し、自律神経と下垂体がホルモンの放出を促す(1)。自律神経は平滑筋や心筋に働いて、心拍と血圧を上昇させる。体性運動神経が骨格筋にシグナルを伝えて、身がすくんでしまうこともある。その結果、ドキドキする、胸が熱くなる、手に汗をかく、腰が抜けるといった反応が起きる。

イラストの場合、その刺激は視覚である。視野の右側の像は両眼の網膜の左半分に、左側の像は右半分に映る。網膜は神経細胞でできた薄いシート状のもので、約一億個の桿体《かんたい》と約六〇〇万個の錐体《すいたい》の二種類の視細胞により光を電気信号に変える。桿体は明暗にだけ反応する細胞で、暗いところでもよく働く。だが、桿体は視野の中心部に少ないため、暗がりのなかで何かがいたと思ってそちらの方を向いても、何もみえないという経験をする。錐体には三種類あり、それぞれ赤・緑・青の三原色によく反応する。それらが血の色、植物の色、海の色に近いことは、ヒトの進化の記憶をロマンチックに連想させる。また、錐体は弱い光への反応が鈍いので、ヒトは暗がりに何かあるのはみえても、その色まではわかりにくい。

網膜からのシグナルは、両眼の視神経から出ていく。そして、視交叉という部位で右眼の左半分からの神経と左眼の右半分からの神経とが交叉し、視床の外側膝状体から脳に入る。その結果、視野の右半分の像は左脳に、左半分の像は右脳に入る。

神経細胞の長さは場所により異なり、数ミリから一センチくらいが平均的である。脊髄ではそれが数一〇センチメートルもある。神経細胞は、ナトリウムポンプという機序によって、ナトリウムイオンを細胞外に排出し、カリウムイオンを汲み入れている。その結果、細胞の内側は外側に対して、およそマイナス七〇ミリボルトに保たれている。これを静止膜電位という。

神経の電気信号は、神経細胞の表面にあるイオンチャネルというタンパク質構造によって伝えられる。シグナルが伝わると、イオンチャネルが開いて細胞外のナトリウムイオンが流入し、細

(1) 以下の神経科学の関する記述は、以下の文献・サイトを参考にした。(カンデルほか 2014)(スクワイヤ、カンデル 2013)(山科 2017)「脳科学辞典」https://bsd.neuroinf.jp/(二〇二一年三月二二日閲覧)。

胞内が一時的におよそプラス四〇ミリボルトまで上がる。静止膜電位と足しあわせると、乾電池の一〇分の一弱にあたる約一一〇ミリボルトの活動電位が一ミリ秒のあいだに発生する。すると、カリウムチャネルが開いて、カリウムイオンが細胞外へ流出し、およそ二ミリ秒後までには静止電位に戻り、そこから五‐一〇ミリ秒程度はシグナルに反応しなくなる。そのスパイク状の電位差が刺激となって、すぐとなりのイオンチャネルを開き、活動電位がつぎつぎと伝わっていく。その伝達速度は神経細胞の種類によって異なり、秒速一‐一〇〇メートルの幅がある。

神経細胞の末端では、二〇‐三五ナノメートルの隙間をおいて、つぎの神経細胞にシグナルを伝える。この構造をシナプスという。脳ではひとつの神経細胞からいくつものシナプスが樹状に延び、全体がとてつもなく複雑なネットワークを作っている。成人の脳にはおよそ一〇の一一乗個の神経細胞があり、それぞれが平均一〇〇〇個のシナプス結合を持っている。

シナプスでの情報伝達は化学物質が取り持つ。その伝達は一方通行で、シグナルがシナプス間隙に面した末端に届くと、イオンチャネルが開いてカルシウムイオンが末端に流れ込む。それをきっかけに、直径五〇‐二〇〇ナノメートルの小胞に蓄えられていた神経伝達物質がシナプス間隙に放出される。神経伝達物質として働くのは、グルタミン酸、ＧＡＢＡ、セロトニン、アドレナリン、ドーパミンなどである。それらが隣の神経細胞のシナプス表面にある受容体と結合すると、チャネルが開きナトリウムイオンが細胞に流れ込む。その量が十分に多ければ、つまり相応の量の神経伝達物質が受容体と結合すれば、隣の神経細胞に新たな活動電位が発生し、シナプス間隙を越えてシグナルが伝わる。

ちなみに、ドーパミンは快感や多幸感をもたらすホルモンで、情動に関わる領域を通るA10神経に豊富に存在する。作品にふれて心地よいと感じるときには、ドーパミンが作用していると考えられる。またパーキンソン病は、脳内のドーパミン不足が原因であることがわかっている。

視神経からのシグナルは脳内の視床に入り、そこから後頭部のV1野に伝えられる。V1野では輪郭の統合や面の分割がなされる。そこから後頭部を頭頂に向かう経路と、側頭葉に向かう経路に別れる。前者は身体運動と、後者は物体認識と関係している。物体のテクスチャ、色や形、運動の空間情報は、それぞれ別の部位で検知される。そしてそれらが統合されて、視覚像が脳内に作られる。

脳はそこからさらに高次の処理をする。音や手触りなどの視覚以外の情報、情動的な反応、記憶から想起したカテゴリー分類などを使って、いま視ているものが何なのかを認識する。ヒトの場合、認知課題の提示から三〇〇ミリ秒後に、頭頂部付近に特徴的な脳波（事象関連電位P300）が出現するので、それが認知活動に要する時間と考えられている。

記憶の種類と身体性

視ているものを認識するには、記憶が頼りになる。記憶には短期記憶と長期記憶がある。短期記憶には即時記憶と作業記憶があり、それぞれ記憶できる量と維持できる時間が異なる。即時記憶では、およそ七つくらいまでのことを三〇秒くらいまで覚えていられる。想起を意識的に繰り返していれば、記憶はもう少し長くつづく。そうして延長された即時記憶が作業記憶と呼ばれている。作業記憶は、神経細胞の持続的な発火によりもたらされる。それには言語的情報に対応するものと、視空間的情報に対応するものとがあり、実行制御過程という仕組みによって、注意の対象を言語的なものと視空間的なものに振りわける。短期記憶は、「いま、このとき」を形作る。心が動いたイラストを、「いまみた」「さっきみた」感覚は、短期記憶のなせるわざだ。

短期記憶の一部は、選択的に長期記憶に移行する。長期記憶の量は無限大で、加齢によって忘れることも多いが、一生涯つづく記憶もある。それが、人生に深みをもたらす経験や、そのひとのアイデンティティー、ベテランの知恵といったものをもたらす。

長期記憶には、意識できる顕在記憶（陳述記憶）と、意識にのぼらない潜在記憶（非陳述記憶）とがある。顕在記憶とは、記憶内容を意識的に表現できる記憶のことで、言語表現や静止画・動画のイメージがそれにあたる。潜在記憶とは、自動車を運転する技能や梅干しを見たら唾が出ることのように、意識に上ることなく利用している記憶のことをいう。作品の身体化と関係が深いのは、顕在記憶のほうだ。顕在記憶は海馬と大脳新皮質の内側側頭葉が関わり、潜在記憶はその種類によって、たとえば習慣や技能は線条体、恐怖は扁桃体、運動は小脳が関与する。また、運動の記憶は習熟することによって顕在記憶から潜在記憶に変わる。

顕在記憶はさらに、意味記憶とエピソード記憶とにわけられる。意味記憶は、英単語を記憶しているような「事実の記憶」である。

モノの名前や抽象的な概念、それらの関連性などの知識は意味記憶である。特定の領域についてたいへん詳しい知識――いわゆるオタク的知識――を持つひとは、その領域の意味記憶をたくさん持っているといえる。

エピソード記憶とは、どこそこへ行ったことがある、何々をしたことがある、といった経験の空間的・時間的な記憶である。「去年いった海外旅行先ですばらしい夕日をみた」「〇〇年の夏コミはとにかく暑かった」といった個人的経験は、エピソード記憶である。このエピソード記憶が人格や個性、他者との関係性を築き、維持していくうえで大切なのはいうまでもない。アルツハイマー型認知症ではエピソード記憶が失われていくため、患者の家族はたいへんつらい思いをする。

記憶の正体は、脳の神経細胞の変化である。単純な記憶のメカニズムは、アメフラシを使った実験からわかっている。アメフラシの水管を刺激すると、エラを引っ込める反応が起こる。しかし刺激を繰り返すうちに、引っ込め反応が弱くなっていく。こうした馴化《じゅんか》は、シナプスに放出される神経伝達物質が、繰り返し刺激によって減少することで起こる。また、一日一〇回の繰り返し刺激を四日間つづけると、引っ込め反応に関わるシナプスの数が三〇パーセントに減少する。経験によって神経細胞の機能と形態が変化するのだ。この長期馴化の状態は、刺激を止めてからも三週間つづく。

このように、神経細胞のシナプスが機能的・構造的に変化して、結合が強くなったり弱くなったりすることを、シナプスの可塑性という。これが、記憶は身体の一部だといえる、最大の理由である。

原始的な記憶のメカニズムは、アメフラシで理解できるが、より高等な生物の脳ははるかに複雑だ。ほ乳類の作業記憶には前頭前皮質と海馬が関わり、神経伝達物質のドーパミンが重要な役割をはたしている。

短期記憶から長期記憶への移行は、一般的には繰り返し学習によって起こる。技芸の学習では、よい手本を繰り返してまねることがスキルの定着には不可欠である。しかし、著作権法は、手本となるようなオリジナル（にみえるもの）を保護するが、それをまねる行為やその結果生まれた作品を、相対的に低い位置においている。オリジナルなものを創るにはスキルの学習が必要なので、繰り返し学習の環境を手厚く保護することが、神経科学からみて「文化の発展」のためには合理的である。

視覚の長期記憶には、側頭葉が関わっている。また、短期から長期への記憶の移行は、睡眠中に起こるといわれている。しかし、たとえば交通事故を目撃したときのように、一度きりの一瞬の視覚記憶が生涯つづくこともある。エピソード記憶では多くの場合、繰り返しを要さない。自閉症と関連があるサヴァン症候群のひとは、一度みたもの、聞いたことのすべてを長期間覚えていられるので、繰り返しや睡眠が記憶の固定に必須なのではない。とくに扁桃体は恐怖を感じる経験と、元来恐怖とは無関係な経験とを一発で結びつけ、その働きにより一回の経験を一生覚えていることができる。たとえば、雪山で遭難しそうになったとき、リュックに鈴を下げていた。それ以来、鈴の音を聞くと怖い記憶がよみがえる、といったことだろう。これもまた、シナプスの可塑性によるものだ。

また、意味記憶とエピソード記憶とでは、記憶の維持と想起の仕組みが違う。意味記憶は大脳皮質のニューロンのネットワークのなかに広く分散しているのに対して、エピソード記憶には脳の内側側頭葉と間脳・前頭葉が深く関わっている。

新たな作品に触れたときに、蓄えられた長期記憶をもとに情動・感情が呼び覚まされる。実際に、初見の情報と後で思い出すことができた情報とでは、みたときの脳の活動部位が異なる。作品をみるさいに参照される記憶がユーザーにあるのとないのとで、作品の評価が異なりうる。作品が評価されるためには、著作者が創作するだけでは不十分で、ユーザーの身体に刻まれた記憶がなければならない。著作者とユーザーの、両方の身体の中間に作品は立ち現れるのだ。

潜在的な長期記憶のなかでも習慣は文化と深く関わる。わたしたちは、習慣を人生の初期の段階から無意識的に学習する。朝起きたら顔を洗い、服を替えて髪を整え、米やパンを食べ、仕事や学校に出かけ、家に戻れば好きな野球チームの実況をみながらビールを飲み、風呂に入って寝る。そのどれひとつを取ってもオルタナティブな可能性があるのに、わたしたちはいつもの行動を取る。習慣学習の多くには、線条体が関係している。線条体が一連の行動をまとめる働きをし、それによって習慣ができあがる（グレイビエル、スミス 2015）。人間の文化は、脳の機能と切り離すことができないのだ。

音楽と身体

視覚と比べると、聴覚の神経科学についての情報はあまりない。ヒトが感覚器から得る情報量の面でも、聴覚は視覚よりも少ない。しかし、文化の面で音楽が映像に劣るということはない。そして、音楽の受容もまた、身体性を持つことを述べたい。

耳から入った音は鼓膜を揺らし、それが耳小骨に伝わる。耳小骨の揺れは内耳のリンパ液を介して、巻き貝のような形をした蝸牛管《かぎゅうかん》の内部に並ぶ有毛細胞を刺激する。蝸牛管の入口近くの有毛細胞は高い音を、奥に入るにしたがって低い音を電気信号に変える。ちょうど、音を周波数成分に分解し、それぞれの強度を解析するフーリエ変換のようなことが起きている。

視神経の脳への入口は視床であるのに対して、蝸牛管神経はそれよりも下の延髄につながっている。これは脳と感覚器の進化を考えるうえで興味深い構造である。視覚よりも聴覚のほうが、生命維持の根幹に近いところにある。ヒトの死にさいして、眼がみえなくなっても、音は最期まで聞こえることにも関係がありそうだ。

音の情報は、蝸牛管で周波数帯ごとに分解され、それぞれ異なる神経繊維を伝わって、大脳皮質の側頭部にある一次聴覚野に入る。一次聴覚野でも周波数によって反応する領野が異なり、蝸牛管の機能が脳内に再現されている。聴覚のシグナルは一次聴覚野から前頭前皮質に伝えられ、何の音がどこで鳴っているかを認識する。しかし、音の識別には幼少期の経験が極めて重要である。日本語圏の新生児はｒとｌを区別できるが、一歳になるまで日本語しか聞かなかったら、聞きわけが困難になる。

視覚とくらべて、聴覚記憶には特異な性質がある。耳に馴染んだ音楽は、かなり時間が経ってからでも細部にわたって脳内で再生することができるからだ。そればかりか、頭のなかで鳴り出した音楽がやまない「イヤーワーム」もある。「イヤーワーム」による音楽の「脳内再生」は意識せずともはじまり、自らの意思で止めることもできない。音楽という著作物にユーザーの意識が支配されるのだ。これを作品の身体化といわずして何だろう。耳によく残る音楽を作ったのは、アーチストの手柄かもしれないが、それを記憶しているユーザーもまた、特別な存在である。「イヤーワーム」には聴覚野の活性化が関係しているのだろうが、どのようなメカニズムでそれが起きるのか、ぜひ解明してほしいものだ。

人類はおなじ聴覚系を持っているため、音の文化は地域や民族を越えて似たものが現れる。音楽表現の可能性は無限のように思えても、実は人類に共通のパターンがある。世界中の八六の民族社会から採集した音楽を分析した研究によると、子守歌、癒やし歌、ダンス、恋歌で、それぞれ似かよったアクセント、テンポ、音程幅がみつかっている（Mehr et. al. 2019）。

子どもたちのあいだで歌われている「いじめ歌」のたぐいが、世界共通の音階を持つことを、指揮者・作曲家のレナード・バーンスタイン（一九一八－九〇）が指摘している（バーンスタイン1991：27）。「いじめ歌」のメロディーは、主音の「ド」を欠落させつつ、その倍音の「ミ」「ソ」そして「ラ」と「シ♭」の中間音の三音からできている。心の耳に聞こえてくるはずの主音を省略することで、旋律に独特な不安定感が生まれるという。

クラシック音楽で、ヒトが快適さを感じるパターンは、二〇世紀はじめ頃までに出尽くしたともいわれている。アルノルト・シェーンベルク（一八七四－一九五一）の一二音技法からあとの現代音楽は、初心者には難解だ。それは、音組織の快適さよりも音楽史のなかでの新しさや、クラシックとの差別化が重視されているからだ。「西洋音楽の父」と呼ばれるヨハン・セバスティアン・バッハ（一六八五－一七五〇）からシェーンベルクまでの流れを知っていなければ、無音の音楽を「作曲」したジョン・ケージ（一九一二－九二）や、一二音技法をさらに展開したカールハインツ・シュトックハウゼン（一九二八－二〇〇七）は理解不能というわけだ。西洋音楽史を知らなくても快適に楽しめる音組織は有限である。ユーザーは、そのパターンを脳にプリセットし、所有していると考えられる。

文化脳神経科学の観点

ここまでは、文化が脳に刻まれ身体化することを、ミクロなレベルでみてきた。だがそれだけでは不十分で、文化と脳の関係をよりマクロなレベルでとらえる必要もある。そのためには、文化脳神経科学（Cultural Neuroscience）と呼ばれる研究分野の知見が参考になる（Kitayama and Uskul 2011）。

文化脳神経科学では、人間の認知や行動の文化的な差異を、脳神経活動の違いとして観察する。脳神経活動の計測手段としては、認知課題の提示から数一〇〇ミリ秒後に現れる特徴的な脳波である事象関連電位や、脳のどの部分が活動しているかを立体的に視覚化する機能的磁気共鳴画像法（ｆＭＲＩ）などが用いられている。

文化脳神経科学の論文で目につくのは、西洋人と東アジア人の脳活動の差異をみる研究である。一般に、西洋人は個人主義的で自立した思考をし、東アジア人は集団主義的で文脈依存的な思考をするとされる。そうした違いを脳神経活動のレベルで観察するために、西洋系と東アジア系の被験者に、文脈依存的なタスクとそうでないタスクを与えて、脳の反応する場所やその強さを調べる実験がある。結果としては、東アジア系のほうが、文脈を無視できないような判断に脳のある部分が強く反応する（Goto et. al. 2010）（Hedden et. al. 2008）。

その理由について、文化心理学者の北山忍の説をまとめるとつぎのようになる。ある種の文化的実践を繰り返すことが人間の脳に影響を与え、そうして起きた脳の長期的な変化が、世代を越えて文化の集団的なあり方に影響を与えるのだと。

たとえば、寒く乾燥した地域では、ひとびとは移動を繰り返し人口密度は低くなる。そうしたノマド的なライフスタイルは、相互依存的であるよりも自立的であることを求める。東アジアのように暖かく多湿な気候だと、ひとびとは定住して農耕をし人口密度が高くなるため、自立的であるよりも相互依存的な社会になる。その結果、狩猟採集社会では自立した意思決定、個人主義、積極性、リスクを取ることが奨励される一方で、農耕社会では法令遵守、誠実さ、保守性が求められるのだという。

社会が求める自立的／相互依存的な文化的タスクを繰り返し実行していると、それに対応した脳活動と心的傾向が現れ、社会に順応した適者が遺伝子を残す。アメリカで自己宣伝、自己表現、強いリーダーシップが重んじられるのは、一八－一九世紀の西部開拓時代の文化と無縁ではない。遺伝的形質では、注意欠如、多動性障害、新規性の追求に関係するＤＲＤ４というドーパミン・レセプターは、西洋系アメリカ人には普通にあるが、アジア人にはないといってもよいほど少ないという。

余談になるが、アメリカの海岸で「SWIM AT YOUR OWN RISK」（自分の責任で泳げ）という看板をみかけたことがある。これに限らず、危険な場所で自己責任を促す看板が、アメリカにはよくある。日本ならば、泳ぐのに適さない場所には「泳ぐな。危険！」などと書くだろう。「泳げ」と「泳ぐな」という正反対のメッセージの背景には、文化的に獲得され、適者として残った遺伝子が関係する心的傾向と、それにしたがって構築された社会システムが影響しているのではないだろうか。すなわち、自己責任でのチャレンジを奨励する社会と、安全安心を第一としてその責を行政が負い、出る杭は打つ社会の差である。

民族的・文化的差異を遺伝と関連づけるのは、人文社会科学ではタブーだ。文化脳神経科学は、単なるステレオタイプではないか、差別につながらないかなど、疑問に思う点もある。しかし、それは遺伝子と環境の相互作用についての、より洗練された理解によって変わるだろうと北山はいう。

文化的事象が身体化するプロセスを考えるうえで、興味深いモデルも提案されている。北山は脳神経－文化の相互作用モデルとして、つぎの七段階を示している（Kitayama and Uskul 2011: 423）。

① 文化的価値と実践の生産・拡散・選択
② 文化的価値を達成するためのタスクの実践
③ 選択された文化的タスクへの反復関与
④ 文化によってパターン化されたニューロン活動の形成による神経可塑性
⑤ 自発的な文化的振る舞い
⑥ ローカルなコミュニティーでの自己のアイデンティティーと名声の確立
⑦ 再生産的継承によって評価される生物学的適合

こなれた訳ができないせいもあって、これらを眺めてもわかりにくい。本書の論点から筆者なりにいいかえると、①作品の創作と拡散、②作品の受容（購入）、③作品を繰り返し読む・みる・聴く、④それによる脳のシナプス結合の変化、⑤二次創作する・コスプレするといった自発的な振る舞い、⑥たくさんのファンがつく、となる。⑦は①－⑥で獲得されたものが、遺伝子レベルで継承されることをいうようだが、作品の受容に関しては、そこまで考えなくてよいだろう。

重要なことは、文化的タスクの反復がシナプスの可塑性によって身体化されることを、文化脳神経科学も否定していないことである。

「身分け」と「言分け」

作品の受容と身体化は、生理的・物理的には神経細胞のレベルに還元できるのだろう。脳についての研究は日進月歩を遂げている。記憶や認知の全体的なメカニズムが、科学的に解きあかされる日は遠くないかもしれない。しかし、作品の身体化をさらにマクロなレベルで考えるには、人文学の助けも必要になる。ここでは、フェルディナン・ド・ソシュール（一八五七－一九一三）の言語学とその周辺を頼りに、作品の身体化を神経科学とは別の次元で考えてみたい。

ソシュール言語学を日本に紹介した丸山圭三郎（一九三三－九三）は、人間は「身分け」と「言分け」の二重分節のなかに生きているといった（丸山 1984：71-81）。「身分け」は生物学者のヤーコプ・フォン・ユクスキュル（一八六四－一九四四）が唱えた「環世界」のことをいう（ユクスキュル 2005)。「環世界」とは、生物の種に固有な感覚機能によって認識される、世界のみえ方のことだ。イヌは散歩しながら地面を嗅ぎまわり、思い立ったように放尿する。彼らは、ヒトの鼻ではわからない臭いの痕跡を感じることができる。モンシロチョウは、羽が反射する紫外線で求愛のパートナーをみわける。コウモリは超音波を発して、その反射音を頼りに暗闇を飛ぶ。こういったものが、種の「環世界」である。

ヒトにもそうした「環世界」がある。ヒトの嗅覚はイヌよりも劣るが、知覚できる色の幅は広い。そうした差は神経細胞のレベルで身体に還元できる。ではヒトならば誰もがおなじ「環世界」にいるのかというと、そうではない。嗅覚が極端に鈍いひとには料理や花の香りがわからない。そういうひとは、美味しさや季節の移ろいを感じにくい世界を生きている。ヒトの網膜の錐体細胞は通常は三種類だが、四種類の細胞を持つひとが一定の割合でいる。そういう四色型色覚のひとは、大多数にはわからない色の違いを区別できる。四色型色覚の持ち主は女性に多いとされる。ビジュアル・アートの才能と四色型色覚には関係がありそうだ。文字や音に色を感じたり、味に形がみえたりする「共感覚」の持ち主も一定割合いて、これも女性に多い。この種の能力があれば、表現系の仕事に向いている。

人間は、「身分け」に加えて言語によっても世界を分節している。これを丸山は「言分け」と呼んだ。わかりやすい例は色を表す言葉である。多くのヒトはおよそ三六〇 - 八三〇ナノメートルのあいだの電磁波を光と感じる「身分け」をしている。太陽光がスペクトル分解されてできる虹の色を、日本語では波長の短い方から順に紫／藍／青／緑／黄／橙／赤の七色に分節する。これが「言分け」である。色の分節が言語や文化圏によって異なることは、よく知られている。日本の伝統色と呼ばれる分節はたいへん細かく、萌葱色、鶯茶、洒落柿など、その種類はおよそ一〇〇〇にもおよぶと聞く。また、北極圏に暮らすイヌイットのひとびとは、雪の種類を細かく分節していることも知られている。

「言分け」は人間が持つシンボル化能力によるもので、それによって人間は身体を延長し、いま目のまえに存在しない想像の世界を作り上げることができる。文学作品はまさにそうした能力のうえに成り立っている。丸山は、それを人間が持つ「過剰」と表現した。美意識、死生観、タブー、エロティシズムといった、文化を生み出す原動力となるものは、人間の「過剰」な部分なのである。

人間が持つこうした言語能力、抽象化能力、カテゴリー化能力のことをランガージュという(2)。ソシュールが生きた時代には、脳の認知についての科学研究はいまほど進んでいなかった。そのせいか、ランガージュは脳の神経回路の働きだとまでは、ソシュールはいわなかったようだ。しかし、現代を生きるわたしたちは、ランガージュのメカニズムをとらえつつある。先に述べた、シナプスの可塑性にその鍵がありそうなことは、いうまでもなかろう。

ランガージュが全般的な言語能力をいうのに対して、日本語・英語などの個別の言語はラングといい、両者は区別されている。虹の色数や雪の種類のように、個別の文化はラングによって支えられている。そしてラングの個人的な使用、とくに音声言語をパロールという。パロールに対して、(ソシュール自身はこの語を用いなかったが)文字言語をエクリチュールという。パロールのない文化圏はないが、アイヌやオーストラリア原住民の言語にはエクリチュールがない。日本のマンガで発達した視覚言語の「漫符」もまた、エクリチュールの一種であろう。エクリチュールを創造する能力が人間に備わっているのは、ランガージュがあるからだ。

記号による分節化

さて、ここからがソシュール言語学の、筆者が理解する限りでの最重要ポイントである。人間は事物を名づけつつ世界を分節化する。名づけは世界を認識する方法なのである。象徴の世界では先に事物が存在していて、あとから名をつけるのではない。事物の名を記号表現(シニフィアン)、名づけの対象を記号内容(シニフィエ)という。そして、記号表現と記号内容のセットが記号(シーニュ)である。記号表現と記号内容は記号の画定とともに生まれ、互いに相手の存在を前提にして存在する。

たとえば妖怪である。誰もいない橋の下からシャキシャキという音が聞こえることに「小豆とぎ」という名をつけて、現象を記号化し象徴の世界に実体化させる。そうすることで、不思議な

(2) 以下、ソシュールの理論については、(丸山 1981：第三章)を参照。

現象が世界の秩序に組み込まれる。ミヒャエル・エンデ（一九二九－九五）の『はてしない物語』（一九七九）でも、主人公の少年は「幼ごころの君」に名を与えることで、空想の世界を再構築する。親が生まれた子にまず名をつけることもまたしかり。子は名をもらうことで、象徴界に存在しはじめる。

人間を取りまく世界は、記号によって構成されている。個々の言語が持つ記号体系は、それを共有する集団のものである。しかし同時に、記号は個人的なものでもある。たとえば、ハワイという記号表現の記号内容は、多くのひとにとっては美しい楽園であろう。しかし、そこで恋人から別れを告げられたことがあるひとにとっては、ハワイという記号表現は異なる記号内容を持つ。

記号が恣意的な差異の体系であることも見逃せない。四本足でヒトによくなつき、肉を食べ、吠える動物を「犬」とする必然性はどこにもない。また、「犬」という記号はそれ自体では存在せず、あるのは「猫」や「馬」との差異である。

もっと「日本文化」に近いことから例示しよう。たとえば、アニメの女性キャラクターの顔には、とてもよく似ているものがある。そのアニメのファンでなければ、区別できないこともある。しかし、ファンにとっては、そのキャラクターは記号として分節化されている。アニメをみないひととは異なる差異の体系が、ファンのなかには構築されている。こうしたことも、人間に備わった「過剰」による記号の身体化である。

連辞と連合／通時態と共時態

ソシュールはまた、ことばとことばの関係の様式として、連辞関係と連合関係という概念を出した。連辞関係とは、時間的・空間的に線状の関係のなかにことばの意味があることをいう。たとえば、「いぎなし！」という発話である。これが「異議なし！」なのか「意義なし！」なのか、音声では区別できない。「ごいぎはございませんか？」という議長の発話への応答ならば、「異議なし！」だと確定する。しかし、議長の発話が「この結論でよろしいでしょうか？」だったならば、「異議なし！」なのか「意義なし！」なのか定まらない。こうした同音異義語の多い言語には、誤解と駄洒落が生まれやすい。

連辞関係は、いわゆる「キャラ」（特徴、性格）の理解にも応用できる。アニメやラノベの登場人物のキャラは、他のキャラとの連辞関係のなかで意味を持つ。登場人物のキャラがかぶっていると、その二人が物語のなかにいる意味が減じてしまう。こうした関係性は現実世界でもみられる。グループのなかの誰かとかぶらないように、自分のキャラを使いわけるひとがいる。グループ空間の連辞関係で、自分の存在に意味を持たせるためである。

それに対して連合関係とは、その場の文脈からたまたま排除されている要素との潜在的な関係をいう。たとえば、合コンの場に弁護士がいたとする。その場では誰も年収のことを話題にしなくても、弁護士には高収入という属性が（実態はどうであれ）あると思われている。

連合関係は二次創作の源になる。登場人物のこのふたりは、同性だけど愛し合っているなど、原作品からはたまたま排除されているが、潜在的にありうる関係について想像の翼を広げることから二次創作がはじまる。

連辞関係も連合関係も、人間の言語能力にもとづくものであり、突き詰めればそれはシナプスの可塑性に還元できるだろう。作品の創作・理解・二次創作の源は、人間の身体にあることを再確認したい。

作品の文化的な位置づけを考えるには、ソシュールの通時態・共時態という概念が役に立つ。通時態とは、時代の流れのなかでの言語の変化をいう。例をあげるならば、平安時代の『枕草子』に出てくる「をかし」である。「おかし」の表現は現存していても、平安時代の「趣がある」の意味とは違っている。西洋絵画にしても、日本のマンガ・アニメにしても、その表現技法は時代によって変化している。こうしたものが文化の通時態である。

それに対して、共時態とは言語の同時代的な差異のことをいう。典型的には、方言や流行語があげられる。流行語がそうであるように、共時態は同時代の文化そのものである。

通時態と共時態、とくに後者はそれを担う個々人に内面化され、身体化されている。同時代の文化は、個人の身体が基盤になっている。

ユーザーは作品を所有する

以上にみてきたように、著作物のユーザーは神経活動的にも言語活動的にも作品を自己の身体に刻んでいる。受容した情報によって、脳の神経接続が変わり、過去の記憶との相対的な関係のなかに新しい情報を固定する。また、新しく獲得した記号で再分節化することで、世界の認識のしかたが変わる。

哲学者のジョン・ロック（一六三二－一七〇四）は、所有権の根源を自己の身体による労働に求めた。未開の地に労働を加えて開墾すれば、その土地には開拓者の労働が加わっている。それによって、土地は開拓者が所有するものになる。未開の地はそのままでは無価値だが、そこに労働が加わることで価値が生じる。著作物を創作することが、知的な労働であることはまちがいない。詩を書いたり曲を作ったりすることは、未開の地を開拓することにあたるから、そこに所有権が生じるのだと考えるひともいる。

落ちている木の実は、そのままでは価値は生じない。誰かが労働してそれを集めたら、そこに価値が生まれる。同様に、世に存在する作品は、誰からも見向きもされなければ価値はないが、誰かがそれを拾えば価値が生じる。つまり、受容された作品には、創作者と受容者の両方の労働が加わっている。

しかし、土地や木の実と著作物とでは、財の性質が決定的に異なる。土地は誰かが使えば他のひとは使えなくなり、木の実は誰かが食べたらなくなる。それに対して、著作物は誰かが使っても他のひとも使え、誰かが使ったらといってなくなりはしない。つまり、根源的には専有ができないものなのだ。

著作物を使うこともまた、知的な労働である。感受する行為・使う行為が、神経活動と言語活動をする身体そのものを変化させる。その作品への感受性が必要となる点で、誰でも使うことができるものではない。それを二次的に使うには、使うための知識と能力が必要になる。著作物を感受すること・使うことは、ユーザーの脳神経に刻まれた情報と言語活動をフル稼働させることである。

これはロックのいう自己の身体による労働そのものである。よってユーザーにも作品の所有権が発生しうる。ロックが念頭においた労働は、額に汗を流すような肉体労働で、無体物を対象にした知的労働のことを考えてはいなかった。しかし、労働概念が非物質的なものにまで広がった今日においても、ロックのスキームはそのまま当てはめることができる。著作物を受容し使うことは、ユーザーが身体を動かす労働なのだ。

では、コンビニからおにぎりを盗ったとして、盗む行為も労働であるから、万引き犯にも所有権が発生するのだろうか？　モノを盗むことと、作品を使うことはおなじなのだろうか？　おにぎりを盗むことは不法な「労働」ではあっても、盗んだものは返すこともできる。しかし、それを食べてしまったら、おにぎりはアミノ酸に分解され吸収され、身体の一部となる。食べることで、おにぎりは完全に盗んだ者のものになる。

これがおにぎりではなく、マンガ本だったらどうだろう？　盗んだマンガ本を返すことはできるが、読んだ中身は記憶という形で身体化され、読んだ者に所有される。食べてしまったおにぎりのように、体の一部になるのだ。しかも、繰り返すようだが、おにぎりと無体の作品とでは財の性質が違う。前者は食べたらなくなるが、後者は誰かが使ってもなくならない。

たとえおにぎりが盗品であっても、食べてしまえばそのひとのエネルギーになる。たとえマンガ本が盗品であっても、読んでしまえばそのひとの生の一部となる。ましてや、正規の手段で入手したものならば、作品を自分のものとして使うことを、過剰に制約されたくはない。

そのまえに、「自分のものとして使う」とは、どういうことなのかは考えておく必要がある。それは、作品を内的に反すうすること、自己表現に作品を使うことではないだろうか。金銭的な利益のためにデッドコピーして頒布することは、作品を「自分のものとして使う」こととは違う。とはいえ、違法コピーを頒布することは、不正義ではあっても文化的には意味を持つことがある。違法な音楽共有サービスだったナップスターが、音楽をｍｐ３形式で聴くことを広めたように。

このように、ユーザーは自己が触れた文化的所産を所有する。しかし、「文化」とは何かという問いは、あいかわらず残っている。

第Ⅱ部　「文化」とは何か

第五章　「文化」概念の変遷

たしかに、天才的な人々はほんの少数であるし、いつでもそうだろう。しかし、彼らを存在させるためには、彼らが育つ土壌を保つ必要がある。天才が自由に呼吸できるのは、自由な空気の中だけである。（J・S・ミル（関口正司訳）『自由論』岩波文庫、一四五頁）

あいまいな「文化」

「文化」はあいまいなことばだ。肝心の「文化」が何なのかはっきりしないから、その「発展」もわからない。

「文化」は便利なことばである。意味を深く考えず、自分の都合のいいように解釈して、好き勝手に使うことができる。「文化を守る」「文化の創出」「○○は日本の文化だ」といったことばを、筆者もよく使う。

著作権法をみても、第一条に「文化的所産」「文化の発展」とあるほかは、「文化庁長官」「文化審議会」の文字列の一部としてしか登場しない。「文化」「文化の発展」の定義は著作権法にはない。もやっとはしているが、何か値打ちのありそうな、それは「文化」だといってしまえば誰もが納得するような、そんなパワーワードだ。

しかし、「文化」をどう定義するのか、歴史的にそれがどう変わってきたのか、権力がどのようにそのことばを使ってきたのかについては、筆者を含め案外無頓着である。みなが意味を了解しているようで、実は共通した理解などない。だから、「文化を守る」「文化の発展が大事」だといっても、その中身は各人各様、都合のいいように使っている。「文化」とはそういうことばだ。

イギリスの詩人T・S・エリオット（一八八八－一九六五）は、「文化」の語の用法を、「その言葉を語る当人が自分の心のなかに文化の諸要素もしくはその現われのうちの何か一つ――例えば「芸術」のごときものを考えている場合にその代用として使用されるか、もしくは、……一種の情緒的刺戟剤として――或いは麻酔剤として使用されるかのいずれか」（エリオット 2018：61）だといった。まったくそのとおりだ。

筆者自身は二〇一一年に出した本のなかで「文化とは、ひとびとのあいだに共有された生活・思考・行動の様式のことだと、いまのわたしは考えている」（山田 2011：203-204）と書いた。そのときは懸命に考えた結果の定義ではあったが、いまから思えば先行研究の渉猟がまったく足りていなかった。「文化」についてものを書いてきた者として、それが何なのかについて、きちんとまとめておかなければと思ってきた。

まずは、「文化」がこれまでどのように語られてきたのかを、整理していきたい(1)。

「文化」と「文明」

「文化」は culture の訳語である。cultivation（畑を耕すこと）や agriculture（農業）、cult（狂信的教団）とおなじく、ラテン語の colere を語源に持つ。

哲学者の生松敬三（一九二八－八四）は、culture の語源をつぎのように書いている。

しばしば指摘されるように、culture はラテン語の colere, cultus, cultura に由来する。colere は「気をつける」、「養育する」、「耕す」などの意を有し、これから出た cultus は、一方で cultus deorum という熟語に示される通り「神のために気をつける」、「神の礼拝」を意味し、他方で cultus agri の熟語の示す通り「土地のために気をつける」、「耕作」の意味をもつ。後者の土地耕作も古くは宗教的意義を含んでいたと考えられるが、やがてその宗教的意義を失って単純な耕作 cultura agri, agricultura の意となる。かくして、この cultura はまず耕作を意味し、ついで動植物の培養、育成をもさすことになるが、それがさらに心の培養、教育の意味をもつようになるわけである。（生松 1968：84）

（1）「文化」概念の変遷をコンパクトにまとめた本に、（柳父 1995）がある。またドイツでの文化概念の変遷を詳しく書いた本に、（今井 1996）がある。執筆にあたりそれらを適宜参照した。

culture が耕すこと、つまり自然の改変を意味する以上、その対義語は nature である。culture は nature ならざるところにある。しかし、宮崎県の幸島のニホンザルが海水で芋を洗う「文化」を継承していることを視野におけば、そうした対比にはほころびが生じる。しかし、そういう日本発の科学的知見は、研究グループが英語論文を発表してから五〇年以上を経てなお、西洋の人文学界には受け止められていないようにみえる。人間とサルを厳しく区別するキリスト教のドグマに囚われているのだとすれば、無理もないことだ。

「文化」とよく似た概念に「文明」(civilization) がある。これの語源はラテン語の civis で、「文明」のもともとの意味はひとびとを「市民化」することである。ふたたび、生松による解説を引いておこう。

これに対して civilization は、同じくラテン語の civis, civilis, civitabilis に由来する。civis は「市民」を意味し、civilis は「市民の」とか「市民らしい」とかを意味する形容詞である。それは一方で、市民の権利つまり政治的関係における市民の地位をもっていることを意味し、他方で市民にふさわしい品格、礼儀、行状をそなえていることをも意味した。civitabilis はまさにそういう市民的身分を与えられる資格のあるという形容詞であり、ここから civilisatio という名詞が、貴族や僧侶と区別された市民的身分の特性を意味する語としてつくられる。したがって、語源的には civilization は culture のように宗教的祭祀とか土地の耕作などとは関係なく、主として政治的・法律的生活とそれに関連する市民的教養と結びついて生れた言葉であるわけである。（生松 1968：84-85）

「市民化」された市民とは、政治への参加権を持つ者のことで、近世の欧州では権力によって承認された成年男子のことを指した。「市民」には一定の財力があり、それに裏打ちされた教養がある。この「教養」を含む意味が culture と civilization とで共通することが、両者を混同させる要因である。

『オックスフォード英語辞典 第二版』（以後、『ＯＥＤ』）では、culture の定義のひとつに「精神・嗜好・礼儀についての訓練・発達・洗練。そのようにして訓練され洗練された状態。civilization の知的な側面」がある。一方、『ＯＥＤ』で civilization は「civilized された状態や段階」と定義されている。そこで civilized の項をみると、「civil にすること、civilization の段階」と定義が循環している。それではと、形容詞の civil の項をみると「市民（citizens）に関すること」とある。

他の英語辞典もみておこう。一九一三年版の『ウェブスター英語辞典』には、civilization の定義に culture の単語がみえ、culture の定義に civilization が使われている。現代の『メリアン・ウェブスター英語辞典』では、civilization は「cultural そして技術的な発展が相対的に高いレベルにあること」とある。どうやら、civilization と culture は、完全には区別しがたいもののようだ。

では、日本語の「文化」「文明」はというと、事情はもっと複雑だ。それぞれに漢語としての意味があるのに加えて、もともと混同されていたculture/civilizationの訳語にそれらを割り当てたためである。

『日国』によると、「文化」は「①権力や刑罰を用いないで導き教えること。文徳により教化すること。②世の中が開け進んで、生活内容が高まること。文明開化。③自然に対して、学問・芸術・道徳・宗教など、人間の精神の働きによってつくり出され、人間生活を高めてゆく上の新しい価値を生み出してゆくもの。（後略）」となっている。

①の用例は古く、一五三四年の『清原宣賢式目抄』にみられる。また、一八八四年の『改訂増補哲学字彙』にはEnlightenmentの説明として「大覚、文化」がある。②の初出は一七八〇年の『滑稽本・古朽木』で、近代では中村正直（一八三二－九一）訳の『西国立志編』にある「次第に工夫を積めるもの、合湊して盛大の文化を開けるなり」がある。③の意味では、哲学者・西周《あまね》（一八二九－九七）の『百学連環』（一八七〇－七一頃）の「其国々の経界及び政体を論し、其他風俗、人種、教法、文化、人口、〈略〉財政等の如きを悉く論し」がある。つまり、「文化」はいずれの意味でも精神的なものを指し、物質的なことならば、わざわざ「物質文化」といわなければならない。とはいえ、「文化財」のように、あきらかに物質的なものを含む概念にも「文化」が使われており、なんともややこしいことになっている。

『日国』の「文明」の定義は、「文教が盛んで人知が明らかになり、精神的・物質的に生活が快適である状態。特に、宗教・道徳・学問・芸術などの精神的な文化に対して、技術・機械の発達や社会制度の整備などによる経済的・物質的文化をさす」とある。つまり、「文化」が精神的な側面であり、「文明」は物質的な側面だという。そして漢語の語源として、『易経』にある「見龍在田、天下文明」（隠れていた龍が現れたのは、君子の徳で天下を照らすためだ）をあげる。

「文明」の近代的な語源としては、福澤諭吉（一八三五－一九〇一）の『西洋事情』（一八六六－七〇）にある「窮理、地理、兵法、航海術の諸学日に開け月に明にして我文明の治を助け武備を補ふもの其益豈亦大ならすや」をあげている。それよりもむしろ、福沢の『文明論之概略』（一八七五）のほうが語源としての影響は大きいだろう。その冒頭に「文明論トハ人ノ精神発達ノ議論ナリ」とあるので、福沢の場合は「文明」を精神的な側面と考えていたようだ。

もともと日本語でも似たような意味だった「文化」「文明」が、「文明の明治」「文化の大正」といった具合に区別されるようになったのは、一九世紀末からの西洋での概念変遷が影響を及ぼしているようだ。

culture の定義

culture の概念変遷をまとめた本に、アメリカの人類学者のアルフレッド・L・クローバー（一八七六－一九六〇）とクライド・クラックホーン（一九〇五－六〇）がまとめた *Culture*（Kroeber and Kluckhohn 1952）という本がある。彼らは culture についての一六五種類の定義を集め分類した。またクローバーらからおよそ五〇年を経て出版された本には、実に三一三種類もの定義が載っている（Baldwin et. al. 2006: 139-226）。ここでは概念の整理が細かくなされているクローバーらの本を頼りに、西洋での概念史を追っておこう。

cultureに相当する西洋語を使いはじめたのは、一七五〇年代後半のドイツ語圏だった。その嚆矢は哲学者のヨハン・ゴットフリート・フォン・ヘルダー（一七七四-一八〇三）だといわれている。現代のドイツ語ではKulturと綴るが、当時はこれをCulturと書いていた。ヘルダーは、国や時代のCulturだけでなく、おなじ国のなかのいくつもの集団に固有の価値を持つCulturがあり、その語は複数形でも使えることを論じた。

Kからはじまる Kulturは、一七七四年の最初のドイツ語辞典には載っておらず、掲載は一七九三年版からだった。ヘルダーとおなじくイマヌエル・カント（一七二四-一八〇四）も、KulturではなくCulturと綴っており、一八世紀末には語句として定着していなかったことがうかがえる。ドイツ語がKulturで統一されたのは、一八五〇年以後のことである。

英語・フランス語などラテン語系の言語では、civilizationをcultureの意味で使っていた。civilizationはcultureよりも古いことばで、ひとびとをcivilizing（市民化）することを意味した。サミュエル・ジョンソン（一七〇九-八四）は自身が編纂した *A Dictionary of the English Language*（1755）にcivilizationを入れず、civilityのほうを採録した。ジョンソンの親友のジェイムズ・ボズウェル（一七四〇-九五）がcivilizationを入れるよう勧めたのに断ったのだ。この事実から、civilizationは一八世紀末のイギリスでは、まだ一般的な用語ではなかったことがわかる。一九世紀のフランス語のcivilisationはドイツ語のKulturとおなじような意味で使われており、概念が錯綜していたことがわかる。しかし、そのどちらの語にも人間社会の完成形に向けた改善の意味が含まれており、そうしたニュアンスは現在でも引き継がれている。

cultureの定義に決定的な影響を残したのは、文化人類学の父とも呼ばれるイギリス人のエドワード・バーネット・タイラー（一八三二－一九一七）で、彼に示唆を与えたがドイツの人類学者のグスタフ・クレム（一八〇二－六七）だった。クレムは人類のcultureを段階わけし、もっとも進んだcultureを持つのは西洋だとした。そのような西洋中心主義は、いまでは厳しく批判されていることはいうまでもない。

タイラーはクレムの仕事に刺激されつつ、『原始文化』（一八七一）の冒頭でcultureをつぎのように定義した。

cultureあるいはcivilizationは、民族学で広く用いられている意味では、知識、信仰、芸術、法律、道徳、慣習、その他、ひとが社会の一員として獲得した能力や習慣を含む複合的な総体である。（Tylor 1871: 1 拙訳）

cultureとcivilizationの区別を設けないこの一文が、文化人類学でいうcultureの定義として、いまでもよく引用されている。

クローバーとクラックホーンは、タイラーを出発点としつつ、culture の定義を集め分類した。その分類体系とそれぞれの定義のひとつを翻訳して記しておこう。

A群　記述的な定義（内容の列挙に重点をおいた広い定義で、多くはタイラーに影響されたもの）（計二一種類）

- ベネディクト（一九二九）：社会の一員としてひとが獲得した習慣のすべてを含む複合的な総体。

B群　歴史中心の定義（社会的な遺産や伝統に重点をおいたもの）（計二三種類）

- ミード（一九三七）：culture は、人類によって発達され、世代間で伝達される、伝統的なふるまいの複合的な総体を意味する。（後略）

C群　規範的な定義

C－I（規則や方法に重点をおいたもの）（計二〇種類）

- ホイッスラー（一九二九）：共同体や部族によって守られている生活様式が culture とみなされる。……［それは］すべての標準化された社会的な手続きを含む。（後略）

C－Ⅱ（理想や価値に加えて振る舞いに重点をおいたもの）（計六種類）
・カルバー（一九三五）：cultureとは、人間の高次な能力をふんだんに使って、人間の過剰なエネルギーを消費することである。

D群　心理学的な定義

D－Ⅰ（問題解決装置としてのcultureが持つ調整機能に重点をおいたもの）（計一七種類）
・フォード（一九四二）：culture は問題解決の伝統的な方法から成る。（後略）

D－Ⅱ（学習に重点をおいたもの）（計一六種類）
・クラックホーン（一九四二）：culture はすべての継承された社会的学習のなかに存在する。

D－Ⅲ（習慣に重点をおいたもの）（計三種類）
・ヤング（一九三四）：cultureとは、グループ、共同体、あるいは社会に共通する習慣的なふるまいの様式である。

D－Ⅳ（純粋に心理学的な定義）（計二種類）

・ローハイム（一九三四）：すべての昇華、すべての代償行動、あるいは反動形成、簡潔にいえば衝動を抑止し、あるいはゆがんだ満足を容認するような社会に存するものの総体を、わたしたちはcultureとして理解する。

E群　構造的な定義（cultureのパターン化や組織化に重点をおいたもの）（計九種類）

・ワイリー（一九二九）：cultureとは、相互に関連し、相互に依存した、反応の習慣的パターンのシステムである。

F群　遺伝学的な定義

F–Ⅰ（製作物や人工物としてのcultureに重点をおいたもの）（計二一種類）

・フォルソム（一九二八）：cultureとは、人工的なものの総体である。それは道具の完全な一式と生活の習慣であり、それらは人間によって発明され、世代間にわたって伝達される。

F–Ⅱ（アイデアに重点をおいたもの）（計一〇種類）

・ウィッスラー（一九一六）：cultureとはアイデアの明確な複合体である。

F－Ⅲ（シンボルに重点をおいたもの）（計五種類）

・バイン（一九四二）：cultureとはシンボルによって媒介されるすべてのふるまいのことである。

F－Ⅳ（その他のカテゴリーの定義）（計五種類）

・オストワルド（一九〇七）：人間を動物からわかつものをcultureと呼ぶ。

G群　不完全な定義（計七種類）

・サピア（一九二一）：culture は社会が行い考えることと定義されるだろう。

また、これらの定義を初出の年代別にわけるとつぎのようになる。

一九二九年までに初出　A、B、C－Ⅰ、D－Ⅰ・Ⅱ・Ⅲ、E、F－Ⅰ、G
一九三〇年代に初出　C－Ⅱ、D－Ⅳ、F－Ⅱ
一九四〇年以後に初出　D－Ⅱ、F－Ⅲ・Ⅳ

さまざまある定義にも、時代の流行というものがありそうだ。たとえば、一九四〇年以後にF－Ⅲのようなシンボルへの関心が生じたのは、哲学・記号学・心理学などの動向と無縁ではないだろう。cultureという概念のとらえ方は、絶えず変化しているのだ。

先行するこれらの定義を踏まえ、クローバーとクラックホーンは、cultureについての総括的な定義をつぎのようにまとめている。

> cultureは、シンボルによって獲得され伝達される行動の、明示的・暗黙的なパターンから成り立っており、人工物として具現化されたものを含め、人間集団が固有に達成したものを形成している。cultureの本質的な中核は、伝統的な(すなわち、歴史に由来し選別された)考え方と、特にそれに付加された価値観から成り立っている。(Kroeber 1952: 181)

この定義は、哲学と社会学も視野に入れてはいるものの、専門は文化人類学者の二人が、一九五二年の時点で総括したものといえよう。ただし、この時代にはまだ構造主義もカルチュラル・スタディーズもなく、コンテンツを中心にした文化産業に現在ほどの力はなかった。当然、サルが「文化」を伝承していることも、まだ発見されていなかった。

アメリカとドイツでの展開

二〇世紀初頭になるとアメリカの社会学でのculture概念と、ドイツのKulturとが別々の展開をみせはじめる。アメリカの社会学者のレスター・ワルド(一八四一-一九一三)は、Kulturは

civilization の物質的な側面で、英語の culture は心理的・道徳的・精神的な現象だとした。しかし、Kultur に含まれる「野蛮人」の芸術は、発展途上の culture ともいえるという。

二〇世紀はじめ頃のアメリカ社会学では、culture と civilization を区別しなかったり、区別をしていても逆の意味で使われたりしていた。しかし、人類学ではアメリカでも欧州でも、両者を対照的には使わなかった。

アメリカ社会学とは反対に、ドイツ哲学では Kultur と Zivilisation をはっきりと区別するほうに向かった。ドイツ語の Kultur には少なくとも三段階の変化があったとされる。最初は一八世紀末頃の、KではなくCからはじまっていた時代の Cultur で、それは啓蒙のための教養化の進展を意味した。第二はカントからヘーゲル（一七七〇－一八三一）の時代で、彼らは Cultur への関心は薄く、それよりも Geist（精神）の語を盛んに用いた。第三は一八五〇年頃以後で、クレムや文化人類学によって、Kultur が現代的な意味を獲得し、ハインリヒ・リッケルト（一八六三－一九三六）ら新カント派の哲学者がこれを支持した。

ドイツ哲学では両者を区別したといっても、概念の変遷はあった。最初は言語学者で政治家のヴィルヘルム・フォン・フンボルト（一七六七－一八三五）に代表されるみかたで、Kultur を技術的・経済的活動、あるいは物質的な側面とし、Zivilisation を精神的な涵養だとした。こうした逆転は、アメリカ社会学の影響を受けたものだった。

つぎの段階は、哲学者のオスヴァルト・シュペングラー（一八八〇－一九三六）に代表されるもので、Zivilisation は Kultur が最終段階にいたって創造性をなくした状態だとした。彼の見解はドイツでは一時的に流行したが、外国には広がらなかった。シュペングラーに反論したのが、マックス・ヴェーバー（一八六四－一九二〇）の弟で社会学者のアルフレート・ヴェーバー（一八六八－一九五八）だった。彼は Zivilisation は客観的で技術的・情報的な社会活動で、Kultur は主観的な宗教・哲学・芸術だとした。そうしたみかたは、アメリカの社会学者にも影響を与えた。

ドイツがことさら Kultur を意識したのは、一九世紀末の普仏戦争（一八七〇－七一）での勝利を経てドイツ帝国が誕生し、国民統合の原理を必要としたことが背景にある。文化政策学者の山内文登《ふみたか》がまとめたところによると、ローマ帝国史の叙述では、ゲルマン民族はローマの「文明」に対する「野蛮」として描かれた。その末裔のドイツ人がローマ文明の流れを汲む英仏（とくにフランス）の civilization への対抗軸にしたのが Kultur だった。それはユダヤ人の排斥によるドイツの同質化と、「ドイツ的なものが普遍的」という考え方にもつながった。「重要なのは、もともと教養市民層の自己定義と自他区別の装置として登場し、続いて「ドイツ」という共同性へと接続された文化概念が、「自民族＝文化中心主義」を原初的に抱えていた点である」と山内は指摘する（山内 2018：67–68）。

宗教の観点からいうならば、civilization は、ローマからはじまり英仏へと広がったカトリック国のアイデアである。それはカトリックの布教とともに、civilization を普遍的なものとして世界に広める拡張性を持っていた。対する Kultur は、プロテスタント発祥の国であるドイツのアイデアである。それは自民族中心主義であるがゆえに普遍性がなかった。こうした Kultur の個別固有性は、現代の文化概念にも引き継がれている。

また生松は、ドイツの社会学者フェルディナント・テンニース（一八五五－一九三六）が唱えた、「一体性、慣習、宗教としての社会意思」としての「ゲマインシャフト」と「協約、政治、世論としての社会意思」としての「ゲゼルシャフト」を引用しながら、前者が Kultur と、後者が Zivilisation と結びつけられたと論じた（生松 1968：88）。そしてドイツは前者に自己同一性をみいだした。そうしたドイツの自意識が、civilization 側の連合国と Kultur 側の同盟国とのあいだの第一次世界大戦（一九一四－一八）につながったのは、ある意味必然だったのかもしれない。

「文明」「文化」に相当する西洋の概念を整理するならば、前者は人間活動の普遍的・物質的な側面であり、ギリシヤ・ローマ起源である。それに対して、後者は個別固有的・精神的な側面であり、ゲルマン的だといえよう。また、「文化」は意味作用をともなっているという特徴もある。

Kultur の日本への導入

現代的な意味での日本語の「文化」は、大正はじめ頃に定着したといってよい。「文明の明治」が「文化の大正」に変わったのは、明治時代の上からの啓蒙的な「文明開化」に対する民間からの反動であった。同時に「文化」は「文明」の下位概念としての、モダンな生活様式のことも意味した。

このとき日本が参照したのがドイツの、とくに新カント派のKultur概念だった。とりわけ、一八九三年から二一年間にわたり東京帝国大学で哲学を講じたラファエル・フォン・ケーベル（一八四八－一九二三）の影響が大きく、彼のもとで上田敏（一八七四－一九一六）、阿部次郎（一八八三－一九五九）、和辻哲郎（一八八九－一九六〇）といった、大正から昭和の教養層を代表するような面々が学んだ。欧州ではドイツ語のKulturと、とくにフランス語のcivilisationがある種の対立概念であったが、日本語の「文化」はそうした文脈からは切り離されていた。

ドイツは第一次大戦後にハイパーインフレに陥り、マルクの価値が暴落した。相対的に強くなった円を背景に、日本の大学はドイツの学者を招き、学生はドイツに留学した。新カント派のリッケルトのもとでも、哲学者の三木清（一八九七－一九四五）、歴史家の羽仁五郎（一九〇一－一八三）、哲学者の九鬼周造（一八八八－一九四一）ら、何人もの日本人が学んだ。

アメリカの日本研究者ハリー・ハルトゥーニアンは、新カント派は「文化というカテゴリーを精神科学……の徴表として特権化し、哲学は、文化が、真正で永続的な価値（真善美）を具体化したものであることを示した」という。そして「文化は、歴史や政治を超越し、しばしば欲望や消費と対置された」。こうした文化観は、和辻や文芸評論家の小林秀雄（一九〇二－八三）に影響を与えたという（ハルトゥーニアン 2007：31-32）。しかし、実際にはナチスがKulturを強調したことを考えると、それが歴史や政治を完全に超越していたとまではいえまい。

Kulturが持っていた、個別的・民族的なものへのまなざしは、柳田國男（一八七五－一九六二）

を父とする日本民俗学を生んだ。西洋文明から取り残された「田舎」に残る慣習や伝説のなかに、「日本的なもの」が発見されていった。一方で「文化」の語は、「文明」が持っていたニュアンスを包含しつつ、西洋近代的なものを指す使い方もされた。たとえば、和式住宅の一部に洋間を入れたものを「文化住宅」と名づけ、西洋の包丁と和包丁のよさを合体させたものを「文化包丁」と呼んだ。

太平洋戦争（一九四一―四五）がはじまると、西洋近代文明は文芸評論家の亀井勝一郎（一九〇七―六六）や小説家の林房雄（一九〇三―七五）ら時節迎合的な知識人の攻撃の的になった。彼らは、その戦争を「近代の超克」のための戦いだとし、思想的に正当化した（河上ほか 1979）。西洋近代文明に代わって彼らが重視したのは「日本民族」の固有性である。そこにはドイツ流の Kultur が影を落としている。

大政翼賛会の文化部長だった作家の岸田國士（一八九〇―一九五四）は、西洋の「文明」を否定しつつ、「文化」を「国民としての理想を達成するために、われわれが絶えず伝統の上に、更に豊かに築きあげて行く生活全体の心構へと方法」（岸田 1943：8）だと説明した。そして「日本文化」の優秀さを称揚し、「非文化的」行動を厳に慎まなければならないと説いた（岸田 1943：55–56）。岸田は軍部の文化統制に対する防波堤となることを期待されて、文化人の支持を得て文化部長になった（松本和也 2018）。とはいえ、その言動は時局の制限を大きく受けていたものと思われる。

戦時中の日本の「文化」概念は、こういった国粋主義的な Kultur に由来するものだった。それはアーティストが反体制的な発信をすることへの反発に形を変えて、現代日本でも命脈を保っている。

社会学と「文化」

文化人類学とならんで「文化」を多く扱う分野といえば、社会学だろう。ところが、文化人類学と社会学とでは、「文化」の位置づけが正反対である。文化人類学は社会を「文化」の一部とみがちで、一方の社会学では「文化」は社会のなかにあるものと考えがちである。社会学が探究する人間活動は、ほとんどが「文化」についてのことだともいえる。多くの社会学者が「文化」について無数の論考を出しており、斯界の大家でもない限り、それらを総覧することはとうてい不可能だろう。専門外の筆者では力不足ではあるが、現時点での理解を整理しておきたい。

メディアに登場する「社会学者」の平易な語り口とは違って、社会学の文献で論じられる「文化」は、たいへん難解である。しかも専門が細分化されていて、それぞれに「文化」の意味が異なっている。たとえば、英語でいう「文化の社会学」(Sociology of Culture)と「文化社会学」(Cultural Sociology)は、素人目にはいったいどこが違うのかと思うのだが、研究のスタイルが違う。前者では「文化」は社会によって作られるものと考え、「広告の文化」「スポーツの文化」「音楽文化」といった個別の文化現象の研究をし、「文化」は分析対象となる。後者にとって「文化」は、対象ではなく分析概念であり、社会現象の説明変数であり、理論的・抽象的な研究をする。

ことばを変えるならば、「文化の社会学」では「文化」を社会現象の産物と考えるが、「文化社会学」では「文化」は社会に内在するものである。

これらのほかに、「カルチュラル・スタディーズ」（以後、カルスタ）という分野もある。ことばは「文化の社会学」「文化社会学」と似ているが、中身が異なる。[2] 日本語に訳せば「文化学」「文化研究」になってしまうのだが、そういった一般的な用語にしてしまうことが適切でないほど個性のある分野がカルスタである。それは二〇世紀後半のイギリス労働者階級の分析にはじまった研究関心で、マルクス主義の影響を受けたものだ。文化実践が持つ政治性・権力性に迫るのが、カルスタの特徴である。

社会学とそれに関連する領域での「文化」のとらえ方を、猛スピードでまとめておこう。まずカール・マルクス（一八一八－八三）の唯物論は、社会を法律的・政治的構造である「上部構造」と、経済的・物質的構造である「下部構造」にわけ、「上部構造」は「下部構造」によって規定されるとした。「文化」は「上部構造」に属するもので、「下部構造」の物質的な経済活動がそれを支えている。たとえば、ピアノの演奏という文化活動（「上部構造」）は、物質としてのピアノとその生産（「下部構造」）が規定していることになる（吉見 2003：72）。

マルクスの「上部構造」「下部構造」へのアンチテーゼとなったのが、マックス・ヴェーバーの

（2） 日本語では、これら三者は厳密に区別されていない。たとえば（大野、小川 2009）（井上、長谷 2010）。

『プロテスタンティズムの倫理と資本主義の精神』（一九〇四－〇五〔ヴェーバー 1989〕）だった。ヴェーバーによると、禁欲的なプロテスタンティズムが蓄財を肯定し、それが資本主義経済を形作った。つまり、マルクスの説とは逆に、「上部構造」（宗教）が「下部構造」（経済）を規定したことになる。ヴェーバーはまた、社会的行為の意味とその理解に焦点をあてる「理解社会学」を唱えた。ヴェーバーにとって「文化」とは、「実在のうち、価値理念への関係づけによってわれわれに意義あるものとなる、その構成部分を、しかもそれのみを、包摂する」（ヴェーバー 1998：83）ものであり、「世界に起こる、意味のない、無限の出来事のうち、人間の立場から意味と意義とを与えられた有限の一片」（ヴェーバー 1998：92）である。このようにヴェーバーにとって「文化」とは、人間によって意味を理解される限りにおいて存在する。

一九世紀末から二〇世紀にかけての社会学者では、ドイツのゲオルク・ジンメル（一八五八－一九一八）も「文化」概念の理解に影響を残している。彼はひとびとが行為（多くの可能性のなかからの選択的な行動）のやり取りをする相互作用のなかに社会をみいだそうとした。そして相互作用の形式として、上位／下位、支配／服従などをあげ、「文化」などの具体的な内容を持つものをそれから除外した。彼にとって「文化」は、「主観的な魂と客観的精神的な産物とが合流することによって、成立する」（ジンメル 1994：258）ものである。つまり、「主観的な魂＝おのれ自身」が「客観的精神的な産物＝作品、習俗、宗教など」と交わるところに「文化」が成立しているのだと理解できる。そして、「文化」を自己に編入することで、主観的な生が内的完成へと向かっていくという。こうした主張には、著作物のユーザーの存在を重視する本書の姿勢との親和性がある。

一方、アメリカのタルコット・パーソンズ(一九〇二―七九)は、人間の行為が「文化的」であるのは、行為に関する意味と意図とがシンボル体系によって形成されているからだとした(パーソンズ 1971:7-8)[3]。そして、行為システムを行動有機体システム、パーソナリティシステム、社会システム、文化システムという四つのサブシステムにわけた。文化システムはシンボルの領域を扱い、他のサブシステムへの意味の供給源として最上位においた(丸山 1991:142)。また、パーソンズはクローバーとともに、社会学と文化人類学がともに了解できる「文化」の定義として、「人間の行動を形づくる要因としての、価値、観念、さらにその他のシンボル的に有意味なシステム」(丸山 1991:144)だとの見解を出した。パーソンズのみかたは、当時流行のサイバネティクスを導入したものだ。これは静的な図式で社会をみるもので、そのダイナミズムをうまく表現できていないと批判された。

パーソンズの構造機能主義社会学に対して、現象学的社会学を提唱したのがアルフレッド・シュッツ(一八九九―一九五九)である。シュッツは、「われわれが属している集団において現勢的で……社会的に条件づけられた表現図式や解釈図式によって、疑問視されえずに所与のものとして前もって規定されている」ものと「文化」を定義した(シュッツ 1998:189)。一個人の経験

(3) パーソンズ、シュッツ、ルーマンについては、(多田 2011)を参考にした。

からくる「文化」はわずかであり、その大部分は社会の他の構成員から伝達され、内面化されるとする。現象学的社会学の方法である、ひとびとの日常生活における経験のありようの考察から導かれた定義といえる。

パーソンズへの批判点を改良したのが、彼の弟子でドイツ人のニクラス・ルーマン（一九二七‐九八）である。[4] 彼もまたサイバネティクスのつぎの流行ともいえるオートポイエーシス（自己創出）のアイデアを導入して、社会は人間の行為によってではなく、社会自体が自己言及的に生み出すものだと唱え、社会の中核にコミュニケーションをおいた。「文化」（Kultur）についてルーマンは、「これまで形成されてきた概念のなかでも最悪のものの一つだろう」（ルーマン 2012：409）と冷淡である。彼にとっての「文化」とは、過去の社会システムの記憶のことである。「文化」という特別な概念が発明されたのは、「全体社会があまりに複雑になったがゆえに、より多くのことを忘却すると同時により多くのことを想起しなければならず……その要求のために育成された選別メカニズムが必要となった」（ルーマン 2009：666）からだとルーマンはいう。

フランスの社会学者・ピエール・ブルデュー（一九三〇‐二〇〇二）がいった文化資本についても触れておかなければなるまい。文化資本とは、それを持つことが権力や社会的地位につながる無形・有形の資本のことをいう。大きくわけると、個人の知識、趣味、感性、ことばづかい、振る舞いなどの「身体化された文化資本」、家庭にある蔵書、絵画、楽器、家具などの「客体化された文化資本」、学歴や資格などの「制度化された文化資本」の三種類がある。これらは自己が属する社会階級・階層をある程度決定づける。一部は親から子へと受け継がれることで、階級・階層が再生産される。

文化資本がいう「文化」は、文化人類学者や他の社会学者が論じてきた「文化」とくらべると、意味するところが狭い。それはタイラーがいうような「ひとが社会の一員として獲得した能力や習慣を含む複合的な総体」（Tylor 1871：1）ではなく、教養層の自己認識としての「文化」である。たとえば、狩猟採集民には蔵書がなく、高校に行かなかった工芸職人には学歴がなく、彼ら／彼女らは権力からも社会的地位からも遠いので、文化資本がないひとたちだとくくられる。しかし、彼らが持つ技能や暗黙知もまた、まぎれもなく「文化」的な「資本」であり、それらを排除しては「文化」を矮小化することになる。

社会学だけでなく、哲学や心理学などに幅広く知的衝撃を与えた理論として、文化人類学者のクロード・レヴィ＝ストロース（一九〇八‐二〇〇九）にはじまる構造主義にも少しは触れておかなければなるまい。レヴィ＝ストロースは、いわゆる「未開社会」の神話や婚姻規則に、ひとびとの意識にのぼらない「構造」があることをあきらかにした。構造主義人類学は、「文化」を記号のシステムへと解体した。「文化」は何かの説明変数ではなく、記号作用によって生じた慣習・権力・制度のことになる。パーソンズ以後の社会学は、多かれ少なかれレヴィ＝ストロースの影

（4）ルーマンについては、（多田 2011）を参考にした。

響を受けているといってよいだろう。

カルチュラル・スタディーズの「文化」

先に少しだけ触れたとおり、現代の「文化」概念に二〇世紀後半からのカルスタの流れは大きな影響を及ぼしている。カルスタは専門分野として固定されることを拒絶しつつ、どのような方法論でも援用する柔軟性と、つかみどころのなさが共存する研究スタイルを持っている。しかし「文化」に対する視点には、はっきりとした特徴がある。

カルスタは「文化」を記号の構成物とみていて、それによって生じる権力・排除・不平等といった政治作用に強い関心を向け、「文化」自体を問題化する。社会学者の平田毅はローランド・ロバートソン（ロバートソン 1997：97）を引用しながら、それをつぎのようにまとめている。

> 「抗議表現空間 representational space」拡大へのコミットメントがその基盤にあり、女性、同性愛者、「土着の native」人々、軽視されてきた人種的・民族的集団、被差別階級や地位集団などの「抗議表現 representation」としての文化という考え方が強力であるとされる。こうした展開の多くが、「他者」認知への関心、国外離散者《ディアスポラ》の移住と増殖、脱植民地主義《ポストコロニアリズム》、アイデンティティの形成などといったグローバルな場の議論に強い関連を持っているとされる。（平田 2000：199）

ピアノのたとえをふたたび引くならば、演奏という文化活動と、ピアノという物質の生産をわけるのではなく、生産の概念を演奏という「文化」の生産にまで広げることで「上部構造」/「下部構造」を無効化し、マルクス主義をずらせるのがカルスタ的な態度である（吉見 2003：72）。

カルスタが権力や政治への抵抗を対象化し、ときにそれに参加することを毛嫌いする向きもあろう。しかし、「文化」概念は、植民地主義において帝国側に奉仕し、またナショナリズムの称揚に貢献してきた文化人類学にルーツがある。また、戦後の脱植民地化の時代では、それまで「野蛮」と排除されていたものが、「自分たちの文化」として途上国の主張に利用されていった。文化本質主義[5]を批判するひとびとも、そういった戦略的な文化本質主義の有効性は否定し切れないという、ある種のねじれもある。植民地時代に支配者によって創られた「文化」が、そのまま「国民文化」になったりもした。そうした歴史を考えると、「文化」概念と政治権力は、実は切っても切れない深いつながりがある。

日本でカルスタが盛んになってきたのは、一九九〇年代からだった。本家のイギリスでは、自国に根強く残る階級の問題を扱った。いやむしろ、イギリスの階級社会がカルスタを生んだといったほうがいいかもしれない。それに対して、「一億総中流」だった日本でカルスタの関心を

(5)「各々の文化は、その文化を表わす純正な要素をもっており、他の文化との間に何らかの明確な境界をもっている、と捉える文化観。」（馬渕 2002：55）

引いたのは、大衆文化、メディア、在日、ジェンダー、セクシュアリティといった問題であった。「失われた二〇年」以後は、本家イギリスの階級社会にも似た格差のことが加わった。各国の事情や時代性によって変化することもまた、カルスタの特徴といえよう。

カルスタを代表する学者のレイモンド・ウィリアムズ（一九二一－八八）は、通用している「文化」の用法を三種類に整理した。すなわち、①「知的・精神的・美学的発達の全体的な過程」をいう独立した抽象名詞で一八世紀からの用法、②「ある国民、ある時代、ある集団、あるいは人間全体の、特定の生活様式」をさす独立名詞でヘルダーとクレム以降の用法、③「知的、とくに芸術的な活動の実践やそこで生み出される作品」をいう独立した抽象名詞の用法である。そして、一九世紀末から二〇世紀はじめに出現した③の用法が、現在もっとも普及しているという（ウィリアムズ 2002：87）。

別のことばで整理するならば、①の「文化」は、教養・文明・近代と意味の互換性を持つ普遍的価値にもとづくものである。「文化」がもともと持っていった意味に近いことから、これを仮に「**耕す文化**」と名づけることにする。②は概ね一九世紀以後の用法で、国民国家や地域に固有な価値にもとづくものである。ドイツ語の Kultur はこの意味で用いられ、二〇世紀はじめに日本に導入された「文化」概念でもある。これを「**伝承する文化**」とする。③は二〇世紀後半からの産業的価値づけによって顕著になったもので、これを「**創る文化**」とする。三種類の「文化」は別々のものではなく、互いに重層的に関連する。これら「文化」の種類は、後に参照するので記憶されたい。

イーグルトンの批判

ウィリアムズの弟子にあたるテリー・イーグルトンは、ウィリアムズと双璧をなすカルスタの大家のスチュアート・ホール（一九三二－二〇一四）による「文化」の定義、すなわち「文化」とは「生きられる経験」である、あるいは「社会なり、集団なり、階級なりに、おのが存在条件について経験させ、定義させ、解釈させ、意味づけさせる実践的イデオロギーの総体である」（イーグルトン 2006：83-84）を紹介しつつ、「文化」概念の歴史性にこだわったウィリアムズに、ゆらぎがあったことを論じている。

ウィリアムズは代表作の『文化と社会』（一九五八）では、「文化」の意味として、①人間完成の域という意味と密接に関連している「精神の一般的な状態もしくは習慣」、②「全体としての社会における知的発展の一般状態」、③「学芸の総体」、④一九世紀後半に意味されるようになった「物質的・知的・精神的生活の仕方全体」の四つをあげている（ウィリアムズ 2008：4）。イーグルトンは①の定義は狭すぎ、④の定義は広すぎるかもという。そして、④を入れたのは「文化」のカテゴリーから労働者階級を排除しない政治的動機が、ウィリアムズにはあったと指摘する。とはいえ、④を入れてしまうと、消防署や公衆便所も「文化」概念に含まれることになり、前者はともかく後者を入れることにイーグルトンは疑問を呈する（イーグルトン 2006：85-86）。

はたしてそうだろうか？　筆者が中国の片田舎でみかけた公衆便所の大便用ブースは、しゃがんだときの腰の高さまでしか壁がなく、しかも水洗のための「川」がブース間を貫いて流れている。構造上、上流にいる隣人のものが自分の足元を流れていく。そういうものをみると、公衆便所にも「文化」を感じずにはいられない。

『長い革命』（一九六一）でのウィリアムズは、「生産の組織、家族の構造、さまざまな社会関係を表現あるいは規定しているさまざまな制度の構造、その社会の構成員がコミュニケートする時の独自な形式」を「文化」の定義に含めた（ウィリアムズ 1983：43）。「これがどうみても総花式であることは疑いの余地がない」（イーグルトン 2006：86）とイーグルトンはいう。また、おなじ著作中でウィリアムズは、もうひとつの定義、「感覚の構造」（ウィリアムズ 1983：49）としての文化を加えた。そのことに対してイーグルトンは、「文化が確定的なものであると同時にとらえどころのないものであるという感覚をうまく汲んだ半ば自己撞着的概念」（イーグルトン 2006：86）と批判する。そして、卓越した理論家であるウィリアムズですら、つぎつぎと新しい定義を提唱したことによって、「文化」の概念のややこしさは証明されていると論じた（イーグルトン 2006：87）。

ずっと後年の著作になる『文化とは』（一九八一）でのウィリアムズの定義によると、「文化」は「記号のシステム」であり、「そのシステムを通して（他の手段とともに）社会秩序が伝達され、再生産され、経験され、探究される」（ウィリアムズ 1985：12）ものである。イーグルトンによると、この定義ではホメロスの叙事詩とおなじカテゴリーには属さないとの理由で、自動車産業もスポーツも「文化」からはずされると批判する（イーグルトン 2006：82）。しかし、おなじ本のなかでイーグルトンは、「駐車場における地位別の優先待遇方式は［文化に］含むが、コンピュータを使っていることは含まない」（イーグルトン 2006：89）ともいう。このイーグルトンの本が出版された二〇〇〇年には、コンピュータ・ネットワークによる社内コミュニケーションがすでに普及しており、それを介する企業文化が形成されていたはずだ。イーグルトンが何をどう理解してこういうみかたを示したのか、まったく解せない。

イーグルトンは「文化」の概念を広げ、複数化することには慎重さをみせる。「性的倒錯者文化」「マフィア文化」「拷問文化」まで含めてしまうと、これらを「文化」として擁護すべきかはっきりしなくなるという（イーグルトン 2006：36-37）。

彼が属するであろうキリスト教道徳に根ざしたこういうみかたを一般化することには、「文化」を複数化すること以上の危険があるだろう。なぜならば、「日本文化」のなかで醸成された、衆道、艶本、ＢＬ、同人制作物の多くが「文化」から排除される危険性があるからだ。現にキリスト教の価値観が支配的なユニセフは、日本のマンガ・アニメ・ラノベなどを、彼らのいう「児童ポルノ」にくくって非難している。

一方でイーグルトンは、「文化」が学問や芸術だけを指すようになると、「文化」の概念は「明確な強度を増すと同時に貧困になってしまう」ともいう（イーグルトン 2006：39）。「文化」の複数化を否定はしないが、選択的であるのがよいというのだろう。

現代の「文化」概念の大部分は、ナショナリズムと植民地主義、そして帝国主義に奉仕しつつ発展した文化人類学に負っていることに、イーグルトンは批判の眼を向ける（イーグルトン 2006：63）。彼の議論の主眼は、「文化」には普遍性・支配側を意味する「大文字の文化（Culture）」と、固有性・マイノリティーを意味する「小文字の文化（culture）」とがあること、そしてポストコロニアル的状況が「大文字の文化」と「小文字の文化」の政治闘争であるにもかかわらず、両者がおなじ「文化」の語でくくられていることに混乱の源があるという点だ。それについて、イーグルトンはこういっている。


無用なほど広範囲の文化概念と、当惑するほど厳密な文化概念とのあいだに捉えられ、わたしたちが身動きできないでいるため、この領域において、わたしたちにとってもっとも緊急な課題は、どちらの文化概念も乗り越えて先にすすむことである。（イーグルトン 2006：78）

ユネスコの「文化」

では、「文化」についての国際機関であるユネスコでは、「文化」をどう考えているのだろうか？

機関の設立根拠である「ユネスコ憲章」（一九四五）には、その前文に「文化の広い普及」といった表現があるが、その「文化」が何を指すのかは明確でなかった。ユネスコ加盟国が増えるなか、「文化」は先進国の芸術的なものだけではなく、「文化の概念は、拡大されており、この概念には、生活様式及び芸術活動の双方における集団又は個人のすべての形態の創造及び表現を含む」（ユネスコ 1976：4）との宣言を一九七六年に採択した。

ユネスコによるより包括的な定義は、二〇〇一年に採択した「文化的多様性に関する世界宣言」の前文にある。

> 文化とは、特定の社会または社会集団に特有の、精神的、物質的、知的、感情的特徴をあわせたものであり、また、文化とは、芸術・文学だけではなく、生活様式、共生の方法、価値観、伝統及び信仰も含むものであることを再確認し、……。(6)

この定義は、一九八二年メキシコ・シティでの「文化政策に関する世界大会」、一九九五年の「文化と開発に関する世界委員会」、一九九八年ストックホルムでの「開発のための文化政策に関する国際会議」の結論を引き継いだものである。これは、国際社会が二五年以上をかけて議論をしてきたことの結晶ともいえる定義である。

（6） https://www.mext.go.jp/unesco/009/1386517.htm（二〇二一年三月二一日閲覧）

ユネスコの定義には、タイラーの古典的な意味も、ウィリアムズの定義を筆者がいいかえた「耕す文化」「伝承する文化」「創る文化」も含まれている。しかし、観光資源としての功利的な「文化」観は入っていない。

「文化的多様性に関する世界宣言」は、文化の多様性を人類共通の遺産とし、それにもとづく文化的多元性は民主主義の基礎と不可分だとする。その一方で、文化的多様性のために人権を侵してはならないとの留保もしている。文化的多様性の背後にある文化相対主義によれば、すべての文化には優劣がなく、他文化の価値観で異文化をみることは許されない。この宣言では、人権尊重をいれることで、文化相対主義に歯止めをかけている。人権侵害との批判が強い、イスラム圏にみられる女子割礼のようなものを念頭においているのだろう。

西欧での文化人類学、社会学、カルスタ、ユネスコでの「文化」概念の整理は、このあたりでおえよう。諸学での定義を通していえることは、「文化」は集団的な現象だということだ。それを踏まえつつ、つぎは日本の「文化」概念の現在地に目を向けていきたい。

第六章　日本の「文化」概念の現在地

私は、あらゆる倫理的な問題に関する究極の判断基準は、効用であると考えている。ただし、この効用は、最も広い意味での効用でなければならない。つまり、進歩していく存在としての人間にとって永久に変わることのない利益を根拠とする効用でなければならない。（J・S・ミル（関口正司訳）『自由論』岩波文庫、三〇頁）

戦後日本の「文化国家」

日本の「文化」は揺らいでいる。

前章で述べたように、現在の日本で流通している「文化」概念は、大正はじめ頃に定着したドイツ由来の「伝承する文化」に起源がある。それが、西洋近代を意味する「文明」への対抗軸となり、戦争を学問的に正当化する支えにもなった。そうしたアイデンティティー・ポリティクスとしての「日本文化」は、大正期から現代まで、戦後すぐの一時期を除いてつながっている。

文化政策学者の中村美帆の整理によると、日本の「文化国家」概念は、明治の中頃にドイツの〈文化国家〉（Kulturstaat）概念を移入したものである。一九世紀のドイツは「法治国家」を理想としていた。ところが、その官僚システムが大学にまで影響を与えるようになった。それへの対抗として、大学の自治を支える理念として〈文化国家〉を唱えるようになったという。しかし、日本に移入された「文化国家」は、社会政策に力を入れる国家との意味合いが強く、ドイツのような反官僚的な色彩はあまりなかった。そして、戦後日本の「文化国家」概念の特徴として中村は、①軍国主義と決別した平和国家、②国民ないし民衆が文化国家の担い手で国家はその支援に留まるという認識の強調、③文化国家において個人を尊重する原則の確認、の三点をあげている（中村 2013：135)。

戦艦ミズーリ号上での降伏文書調印式から三日後の一九四五年九月五日に国会で行った施政方針演説で、戦後最初の総理大臣の東久邇宮稔彦《ひがしくにのみやなるひこ》（一八八七－一九九〇）は、「平和と文化の偉大なる新日本を建設し」「将来の平和的文化的日本の建設に向って邁進せねばならぬと信じます[1]」と、新しい日本が「文化国家」になることを宣言した。また、日本国憲法制定時の附帯決議には、この憲法は「基本的人権を尊重して、民主的国家機構を確立し、文化国家として国民の道義的水準を昂揚し」の文言がみられる。

かくして「文化国家」は、新生日本のアイデンティティーになった。とはいえ、この「文化」が何を指すのかはあいまいだ。「耕す文化」「伝承する文化」「創る文化」のすべてを、また「大文字の文化」も「小文字の文化」も含んでいるようにも思える。イーグルトンが指摘したように、性質の異なる「文化」を厳密に区別せずに用いることであいまいさが生じ、混乱を招いている。

しかし、戦後日本の文脈を考えるならば、ドイツから移入し大日本帝国を支えた「伝承する文化」的な民族固有性は、いったんは排除されたと考えるべきだろう。

日本国憲法には一ヵ所だけ「文化」の文字が入っている。それは第二五条第一項「すべて国民は、健康で文化的な最低限度の生活を営む権利を有する」である。ところが、「文化的」とはどういうことなのか、その「最低限度」とは何であるのかは、よくわからない。同条第二項にはより具体的に、「国は、すべての生活部面について、社会福祉、社会保障及び公衆衛生の向上及び増進に努めなければならない」とある。どうやら、第二五条の「文化」は、一般に観念される「文化」とはあまり関係はなさそうだ。

通説でも判例でも、憲法第二五条は「生存権」とくくられている。「生存権」は、国民が人間らしく生きるための権利で、第一項にその主旨が、第二項に具体的な法整備の方向性が定められている。また、第二五条は国がそうした法律を定める努力義務であって、国民が具体的な措置を求めることはできない「プログラム規定」だと理解されている。

一方で、第二五条の成立過程をつぶさに調べた中村は、日本では憲法上は認められていない「文化権」を、この条文から読み取ることができるのではないかと論じている（中村 2015）。また、

（1）政策研究大学院大学、東京大学東洋文化研究所「日本政治・国際関係データベース」https://worldjpn.grips.ac.jp/documents/texts/pm/19450905.SWJ.html（二〇二一年三月二二日閲覧）

「文化権」は書かれていなくても、第一三条「幸福追求の権利」、第一九条「思想及び良心の自由」、第二一条第一項「表現の自由」、第二三条「学問の自由」に「文化」に関わる定めがあるともいえる（小林 1995：110）。しかし「文化」を行政が担うことの根拠になるような規定は、それらには含まれていない（小林 1995：109）。

憲法にはなくても、一九四九年制定の旧文部省設置法では、第二条第一項で「文化」を「芸術及び国民娯楽、国宝、重要美術品、史跡名勝天然記念物その他の文化財、出版及び著作権並びにこれらに関する国民の文化的生活向上のための活動をいう」と、明確かつジャンル限定的な定義をしている。この書きぶりは、「文化」概念をめぐるそれまでの歴史や学問的な進展を、まったく踏まえていない。一九九九年制定の文部科学省設置法からは、この「文化」の定義は消えている。それでも、旧法が作った行政が考える「文化」の大枠は、ほぼ引き継がれている。

「文化の時代」

このように、戦後の日本は「平和」とともに「文化」をキーワードにして歩みはじめた。政策でこのことばにふたたび注目が集まったのは、一九八〇年代はじめである。当時の総理大臣の大平正芳（一九一〇-八〇）が二〇〇人を超える文化人らを集めて政策研究をした。そして、大平が急逝したのちに出版された報告書で、「文化の時代」を打ち出したのだ。

高度経済成長はとうの昔に終わり、二度のオイルショックを経て、「ジャパン・アズ・ナンバーワン」の時代のさなか、これからは「文化」の豊かさを求めようというのが、報告書の主旨であった。一〇の研究グループのうち「文化の時代研究グループ」の報告書（政策研究会 1980a）の要旨をさらにまとめると、つぎのようになる。すなわち、いずれの国にもその伝統があり、そのうえに外来文化を受容してきた。日本は明治以来、西洋を範としつつ自文化を否定してきた。その結果、独自の文化政策を持たず、外国との相互理解も妨げられてきた。このような明治以来の状態から脱却し、文化交流によって自文化を把握し、「文化の要請」に応ずるべきである。

では、「文化の時代」がいう「文化」とは何を指すのだろうか？　報告書では、「文化」は自己の伝統に根ざすといいつつ、商品は文化の所産であり貿易は文化交流だともいう（政策研究会 1980a：22–25）。前者はあきらかに固有価値としての文化、すなわち「伝承する文化」を指している。つまり、戦後の再出発にあたって、いったん退けたはずの過去の亡霊、すなわち日本固有の文化への関心が、経済的成功の自信とともに蘇っている。

後者の例として報告書は、ロールス・ロイスの輸出はイギリスの「文化輸出」で、おなじことは日本車の輸出にもいえるという（政策研究会 1980a：25）。そうなるとこれは、産業的価値の側面をいう「創る文化」のうちの、とくに物質文化を重視する姿勢のようにみえる。それと同時に、日本は西欧と異なり、「一方において高度の知識を持ちながら、他方において低俗な文化の提供を喜ぶといった現象」（政策研究会 1980a：30）があるという。「文化の時代研究グループ」は、教養としての「耕す文化」を称揚しつつ、「文化」に優劣をつけている。

このように、「文化の時代」の「文化」もあいまいである。普遍的な教養と伝統的な固有価値に根ざしつつ、貿易の後押しもしたいようだ。だが、日本文化の固有性に立脚しようとする姿勢は一貫していて、戦前からのアイデンティティー・ポリティクスとしての「文化」を復活させていると考えられる。

大平の政策研究会には、「文化の時代研究グループ」のほかに「文化の時代の経済運営研究グループ」も立ち上がった。このグループの報告書の冒頭は、強くなった日本経済を背景に、自信のみなぎったものになっている。

「文化の時代」の到来ともいわれるように、かってない自由と経済的豊かさが、人々の心に、これまでの物質文明や近代合理主義の下で、ともすれば見過ごされがちであった人間の精神的・文化的側面への反省を促し、より高度な人間的欲求を目覚めさせるに至った。この報告書は、急速な近代化を可能にした日本の文化・社会の特質と近代化のための経済運営戦略の概要を説明しつつ、もはや追いつくべきモデルを見出すことが困難となった日本が、これからの「文化の時代」にとるべき経済運営の指針を明らかにすることをねらいとしたものである。(政策研究会 1980b：7)

「リゾーム構造」「ホロン」といった、当時の流行概念を適度に織り交ぜながら、報告書には一〇の提言がある。たとえば、「文化の時代」において、人々が新しい生き方を追求するために、労働時間の短縮の促進、女性の社会参加、高齢者にとって働きがいのある勤務機会の提供などを提案している（政策研究会 1980b：11-14）。なかには、赤字公債からの脱却のように、現状はまったく逆行しているものもあるが、一〇の提言は概ね実現したか、実現に向けての努力がなされたといえよう。

大平の政策研究会が指し示した「文化の時代」は、一九七〇年代からの文化産業の隆盛、円高、バブル景気を背景に、一定のリアリティーを持って感じられていたように思う。

文化庁の設置と「文化」

戦後日本の「文化」を語るならば、文化庁の設置とその政策を無視するわけにはいかない。文化庁は文部科学省の外局であり、中央官庁のなかでの「格」は、決して高くはない。一九六八年に行政機構の簡素化があったさい、各省庁で一局の整理削減があった。当時の文部省では、「主としてヨーロッパ的な芸術文化に関する行政と国語、著作権及び宗教に関する行政を所掌していた文部省の文化局と伝統的な文化の中心をなす文化財の保護行政を所掌していた文部省の外局である文化財保護委員会を統合して、文化庁を設置することとした」（文化庁 1973：1）。

もちろん、組織改編によって文化政策を効率的に進める狙いもあっただろう。しかし、部局の整理削減の対象として「文化」の分野を選んだ事実は変わらない。この国の文部行政にとって、

「文化」は教育よりも低くみられている。また、行政全体のなかでも「文化」の位置づけは低い。そのことは、首都機能分散のための中央省庁の地方移転で、結局「全面移転」できたのは、文化庁だけだったことからもわかる。

文化庁予算の推移をみると、発足から二〇〇二年度までは順調に伸びていたが、その後はほぼ横ばい、そして二〇一九年度に少し伸びて、二〇二一年度で一〇七五億円である。一九八〇年の大平研究会報告書は、「文化関係予算の大幅な増額（近い将来に予算総額の〇・五％程度まで）を行っていくべきである」とうたっている（政策研究会 1980a：9）。ところが、その対国家予算総額比は、二〇一二年度で〇・一一％（二〇二一年度で〇・一六％）に留まっている。二〇一二年度の比率は、フランスのおよそ一〇分の一、韓国のおよそ八分の一の水準である。(2) アメリカのそれは日本のおよそ四分の一であるが、日本とくらべて民間からの寄附が桁違いに多い。寄附文化が根づいていない日本では、「文化」への支援を「官」に求めざるをえない実情がある。

さて、その「文化」の「官」たる文化庁で、長官の私的諮問機関として「文化政策推進会議」が発足したのが一九八九年である。同会議は「文化の時代」に対処するための重点方策をまとめたのだが、それは大平研究会報告書から実に一一年を経た一九九一年のことであった。諮問では「文化振興の緊要性」を、「伝統文化や文化財は、我が国の歴史や文化の正しい理解を促し、ナショナル・アイデンティティを確立する上で不可欠のものである」とまとめている（文化政策推進会議 1991）。ここでいう「文化」は「伝承する文化」であり、ひきつづきアイデンティティー・

ポリティクスとして「文化」をみている。

「文化政策推進会議」の最大の成果は、一九九五年に「新しい文化立国」という目標を掲げたことだろう。その報告書では、「文化は国民一人一人にとって、人として生きるあかしであり、生きがいであるとともに、一国にとってはそのよって立つ最も重要な存立基盤の一つである」(文化政策推進会議 1995：2) と、旧来のアイデンティティー・ポリティクスとしての「伝承する文化」を受けついでいる。それに加えて、「芸術創造活動」にも新たな重点がおかれた。「多彩で豊かな芸術を生み出す源泉は、芸術家・芸術団体の自由な発想に基づく創造活動にある」(文化政策推進会議 1995：4) として、各種の支援や援助を打ち出した。これは「創る文化」、あるいは産業としての文化をも国家目標に掲げる転換だったといえる。これにつづいて文化庁は、「文化立国21プラン」(一九九六)、「文化振興マスタープラン」(一九九八) を作り「文化立国」に形を与える施策を打ち出していった。

文化産業の隆盛

一九七〇年代からは、国の文化政策に加えて、民間による「文化」の産業化も進んだ。「文化」

(2) https://www.bunka.go.jp/seisaku/bunkashingikai/seisaku/11/03/pdf/kijyo_2.pdf (二〇二一年三月二二日閲覧)

が商品の色彩を帯びはじめたのは、二度のオイルショックに加えて、団塊の世代がマイホームのローンや子どもの教育費に所得を割きはじめるなかで、同一商品の大量生産・大量消費のビジネスモデルが崩壊していったことが背景にあったと考えられる。また、一九八五年の新語・流行語大賞を取った「分衆」ということばに表されるように、消費者の価値観が多様化した。商品やサービスそのものではなく、それを消費する文脈や生活スタイルを含めて宣伝する手法も広まった。広告は商品の特徴や機能ではなく、それを持つことの象徴的な意味やイメージに訴求するようになり、コピーライターが若者の憧れの職業になった。

そうした戦略を先導したのが、西武セゾングループである。パルコでは、デザイナーの石岡瑛子（一九三八－二〇一二）らを起用したイメージ広告を、一九七〇年代から展開していた。前衛的な本を売る「リブロ」や美術館・劇場・映画館などを開設し、池袋や渋谷を中心に若者文化を発信した。またコピーライターの糸井重里による「じぶん、新発見」（一九八〇）、「不思議、大好き」（一九八一）、「おいしい生活」（一九八二）といったエッジの効いたコピーや、企業イメージを創造した。百貨店だけではなく、系列の西洋環境開発が開発した京都・桂坂の住宅地では、自然と文化を重視した町づくりをした。筆者が勤務する国際日本文化研究センターの建物も、一九九〇年にこの地に建設された（由井 1991：568-572）。

しかし、一九九一年のバブル崩壊を契機に、セゾングループの経営は悪化していった。「文化」にのめり込んだのが失敗だったとの声もあるが、セゾンの文化事業予算は、宣伝費の一〇パーセントの枠がはめられていた（永江 2014：第六章）。その事実は同時に、セゾンをもってしても「文化」はそれ自体が収益を生む事業ではなく、広告宣伝の戦略だったことを示している。

バブル期には、企業メセナが盛んに叫ばれ、利益の一パーセントを社会貢献に投資することが推奨された。しかし、残念なことに「文化」、とくに美術品への投資が一種の「財テク」に堕してしまった。大企業や富豪が莫大な金額で名画を買って話題になったのもこの頃だ。

いまの文化産業の中心は、主に二〇〇〇年以後の映像・音楽・ゲームなどのコンテンツ産業である。かつて文化産業とは、レコードプレイヤーなどの機器の製造業のことを指していた。文化産業概念がコンテンツ産業に「横領」されたのだ。そればかりか、機器製造業が生み出したコピー技術が「文化」を脅かすと、自分たちこそが「文化」だと主張するまでになった。私的録音録画補償金制度の拡充を求める権利者団体が「Culture First」を名乗っていたことが象徴的だ(3)。

いま文化産業を名乗る彼らは、「文化」の「創り手＝送り手」を特権化して強力な保護を求め、ユーザーを消費者の位置に押し込めて、その自由を奪おうとしてきた。彼らのいう「文化」とは、その本来的な意味からはほど遠い「消費財」でしかない。

（3）「Culture First」は二〇〇八年一月に発足し、そのウェブページ http://www.culturefirst.jp/ は二〇〇八年三月頃から二〇二〇年九月頃まで存在した。https://www.jasrac.or.jp/release/08/03_2.html（二〇二一年三月二二日閲覧）

文化芸術振興基本法

バブル崩壊後の不況によって企業メセナに期待できなくなり、「文化」はますます国の支援に頼るようになった。しかし、さまざまな施策を打ち出したとしても、その予算を裏づける基本法がなかった。そこで音楽議員連盟を中心とする超党派の国会議員が集まって、議員立法で「文化芸術振興基本法」を成立させ、二〇〇一年に施行された（根木 2003：23-26）。それにより、文化芸術の振興のための法制上・財政上の措置について、政府は責務を負うことになった。

その第二条第三項には、「文化芸術を創造し、享受することが人々の生まれながらの権利であることにかんがみ」とある。これは世界人権宣言と社会権規約に沿ったものと評価できる。とはいえ、この法律には「文化芸術」の定義はない。なじみのある用語だった「芸術文化」ではなく、「文化芸術」を採用した理由について、法案提出者は、「芸術を中心とする文化として受けとめられる芸術文化ではなくて、それぞれの分野が並立なものとしてとらえられる文化芸術としたわけでございます(4)」と国会で答弁している。また、文化芸術振興基本法を改正した現行法の逐条解説では、法案提案者がつぎのように説明している。

「文化芸術」という場合、一般的には、音楽、美術、演劇等の「芸術」や能楽、歌舞伎等の「伝統芸能」、華道、茶道、書道、食文化等の「生活文化」、「国民娯楽」、「出版・レコード」、「文化財」などとしてとらえられており、この法律案においても、これらと同様の意味で「文化芸術」を用いている。……「芸術文化」という場合には、「芸術をはじめとする文化」として「芸術」が中心的なものとしてとらえられる場合がある……。基本法では、「芸術」だけでなく、「伝統芸能」や「文化財」などの文化のすべての分野を「芸術」と同等の価値があるものととらえているため、「芸術文化」ではなく「文化芸術」という用語を用いている。（河村、伊藤 2018 : 90）

つまり、「純粋芸術」に近いものが「芸術」であって、「伝統芸能」や「文化財」は、「芸術」のカテゴリーには入らないのだという。「伝統芸能」とされる歌舞伎にしても、新作もあれば一役者の優れた技芸で魅せる舞台もある。「文化財」でも、火焔型縄文土器や狩野元信（一四七六－一五五九）の障壁画のように、「芸術」といってよさそうなものもある。また、「アーチスト」と呼ばれるひとの作品であっても、それが「レコード」ならば「芸術」には入らない。しかし、逆のみかたをするならば、「芸術」のカテゴリーを「その他」の「文化」と同列にまで引き下ろしたともいえる。

ちなみに、日本語では「アーティスト」と「アーチスト」の二種類の表記がある。ＮＨＫは、それらの意味内容に変わりはないとして、「アーティスト」に統一する決定を二〇〇七年にして

（4）　衆議院文部科学委員会会議録、二〇〇一年一一月二一日。

いる（放送用語委員会（東京）2007：78）。しかし、実感としては前者はビジュアル・アート系で、後者は音楽系で主に使われているように思う。『メリアン・ウェブスター英語辞典』によると、英語の artist は「意識的なスキルと創造的なイマジネーションでアート（絵画、彫刻、音楽あるいは文芸）を創造するひと」を意味する。そして「熟練した公のパフォーマー。とりわけ音楽や演劇のエンターテイナー」を第一義に持つフランス語の artiste が、一七八〇年に英語に導入されたとある。日本語になった「アーチスト」は、フランス語に由来するのではないだろうか。もしそうならば、NHKの決定とは反対に、「アーティスト」と「アーチスト」には、純粋芸術とパフォーミング・アーツという、意味的・質的な違いがあることになる。この基本法は、「アーティスト」の領域である「純粋芸術」と、「アーチスト」の領域であるレコードとを区別したうえで、等価に並べている。

文化芸術振興基本法の制定ののち、当時の遠山敦子文部科学大臣の諮問を受けた文化審議会は、二〇〇二年に「文化芸術の振興に関する基本的な方針について」の答申を行った。その答申の冒頭には、つぎのような散文詩がみられる。

大地からの手紙
日本は疲れています。日本は自信をなくしています。
日本人は彷徨《さまよ》い続けています。

戦後、ものを作り、ものを売って高度経済成長を果たした日本は、この半世紀を爆走しながら、富の代わりに何を手放し、何を見失ってきたのでしょう。無国籍風の若者たちが集う街では 崩れた日本語が氾濫《はん》し、乱れた性が行き交い、刹那《せつな》主義的なにぎやかさが日常の風景と化しています。

（中略）

狂想曲は鳴り終わりました。

立ち止まって、青空を見上げてみませんか。

久しぶりに大地と話してみませんか。

日本は今、日本を蘇《よみがえ》らせる「日本人の熱いちから」を待っています。（文化庁 2009：5-6）

一読してわかるように、「伝承する文化」としてのナショナリスティックな「文化」が強烈に打ち出されている。戦後日本のアイデンティティー・ポリティクスは、確実につづいている。

国土交通省と「文化」

「文化」についての行政となると、文化庁を中心に考えがちになる。しかし、実際には他の省庁が打ち出す施策のなかにも、「文化」に関わることが少なくない。しかも、予算規模は、文化庁よりも他省庁の施策のほうがはるかに大きいことがある。二〇二一年度の当初予算額をくらべると、文化庁は一〇七五億円だが、たとえば国土交通省は一般会計だけで六兆円近くある。

その国土交通省は、風致地区の整備や歴史的建築物の保存・活用など、「文化」的な事業もしてきた。二〇〇八年には「地域における歴史的風致の維持及び向上に関する法律」（歴史まちづくり法）を施行し、歴史・文化を活かしたまちづくりを進めている。また、同年には「持続可能な暮らし文化のために」という提言を、省内に設けた「文化を培うこれからの国土交通行政を考える懇談会」が公表した。そのなかでは、独自に「文化」を定義している。

提言書では、「「暮らし」の質をできるだけ向上させようと努力・工夫した結果達成されたWay of Life（暮らしぶり）及びそれに関連する諸相を〝文化〟と捉え」ている。そして〝文化〟の特徴として、「習慣も含め、集団のアイデンティティとしての拠り所となる」をあげている。これは、アイデンティティー・ポリティクスとしての「文化」である。さらに「文化の有り様は、制約要因たる自然環境の有り様に影響され」「行政として〝文化〟それ自身を創出することはできないが、文化の有り様に影響を及ぼす制約要因の改善を目指した政策の展開により、健全な文化の継承、再生、創出、発展を支えることはできる」としている（国土交通省 2008：4）。「文化」に「健全な」という形容詞を安易につけてしまうあたりに甘さがある。何が「健全な文化」なのかはわからないし、「不健全」とされるものに「文化的」な価値があることなどいくらでもある。

しかし、考えてみればcultureはnatureの反対語でもある。「文化」とは自然を変える力なので、国土に手を入れることに予算を使う省庁が、その事業を「文化」と結びつけることは理にかなっている。文化庁は「文化」を文化財や宗教、国語、芸術、著作権など、狭い意味で使っているのに対して、国交省のほうが広範な「文化」事業を、より大きな予算を使って担っているともいえる。

関係なさそうにみえて、実は「文化」に関わっている省庁はほかにもある。食文化は農林水産省の担当になる。障害者アートは文化庁のほかに厚生労働省も関係している。日本の「文化」行政は、文化庁だけを追っていても実は限界がある。

インバウンドと東京五輪のインパクト

とはいえ、ほかの省庁の動きを追いはじめると話が広がりすぎるので、焦点を官邸と文化庁に絞ることにする。二〇一〇年代には、日本の文化政策が大きく動いた。ひとつは二〇一三年に東京五輪の招致が決まったこと。もうひとつは、五輪に向けて「訪日外国人旅行者数二〇〇〇万人」を掲げた「観光立国実現のためのアクション・プログラム」が二〇一三年から作られたことである。オリンピック・パラリンピックについて、二〇一四年の同プログラムには、「東京のみならず、全国津々浦々、広く地域に開催効果をもたらすべく、我が国の豊かな文化や魅力をオールジャパンで発信するためのインバウンド政策を強力に推進する」（観光立国推進閣僚会議 2014：3）とある。

二〇一五年の「アクション・プログラム」では、外国人観光客向けの施策がいっそう色濃く打ち出されている。「文化資源、歴史的遺産の観光への活用」「文化芸術を通じた国際交流の推進」「歴史・文化等に関心の高い観光客層の取り込み」といった具合だ（観光立国推進閣僚会議 2015：48–50）。

そうした施策の効果もあってか、訪日外国人旅行者数は、二〇一三年には一〇〇〇万人程度だったのが、二〇一六年には目標を突破して二四〇〇万人を超え、二〇一八年には三一〇〇万人に達した。その結果、主要な観光地は外国人客であふれかえった。京都では大きなスーツケースを持った客で市バスがいっぱいになり市民が乗車できなくなる、真冬に外国人が丈の短いレンタル浴衣でそぞろ歩いて風情を台なしにする、といったオーバーツーリズムの問題が深刻になった。しかし、二〇二〇年には新型コロナウィルス感染症により、外国人の入国は大きく落ち込んだ。五輪に頼った目論見が大きく狂ったことは、読者もご存じのとおりだ。

そんな未来が待っていることなど知る由もなく、外国人旅行者のさらなる増加を当てこんで、文化庁は二〇一四年に「文化芸術立国」というコンセプトを打ち出した。その報告書のサブタイトルは、「二〇二〇年に日本が、「世界の文化芸術の交流のハブ」となる」である。報告書冒頭の下村博文・文部科学大臣（当時）のあいさつ文には、「二〇二〇年をターゲットイヤーとして、こうした世界に誇る日本各地の文化力を生かした取組（各地域の文化芸術活動、有形・無形の文化遺産を活用した取組、海外発信・世界との交流を目指した国際イベントなど）を、全国の自治体や、多くの芸術家等関係者と共に、日本全国津々浦々で進めることとしたい」（文化芸術立国の実現のための懇話会 2014：2）とある。

文化芸術基本法

そして二〇一七年には、文化芸術振興基本法を超党派の議員立法で改正して、文化芸術基本法（以後、「基本法」）が制定された。骨格は旧法を引き継いでいるものの、前文に表現の自由の重要性を加えるなど大きな変更がある。そこでは日本の「文化」概念を転換するような改正もなされている。まずは、「基本法」に例示されている「文化芸術」をみておこう。

（芸術の振興）（第八条）　文学、音楽、美術、写真、演劇、舞踏その他の芸術（メディア芸術を除く）。

（メディア芸術の振興）（第九条）　映画、漫画、アニメーション及びコンピュータその他の電子機器等を利用した芸術。

（伝統芸能の継承及び発展）（第一〇条）　雅楽、能楽、文楽、歌舞伎、組踊その他の我が国古来の伝統的な芸能。

（芸能の振興）（第一一条）　講談、落語、浪曲、漫談、漫才、歌唱その他の芸能（伝統芸能を除く）。

（生活文化の振興並びに国民娯楽及び出版物等）（第一二条）　生活文化（茶道、華道、書道、食文化その他の生活に係る文化）。国民娯楽（囲碁、将棋その他の国民的娯楽）。出版物及びレコード。
（文化財等の保存及び活用）（第一三条）　有形及び無形の文化財並びにその保存技術。

一見すると、いろいろなものが何気なく列挙されているようにもみえるが、ここにはジャンルの「序列」がみえ隠れしている。法律の中核にあたる実体的規定での条文の並べ方は、まず時系列、つぎに原則規定から例外規定へと並べる。第八‐一三条のように原則・例外になじまない場合は、重要な事項から重要でない事項へと規定するのが普通である（吉田 2017：191–198）。基本法での「序列」は「芸術」＞「メディア芸術」＞「伝統芸能」＞「芸能」＞「生活文化」＞「文化財」であるようにもみえる。個々のジャンルのなかでも、たとえば「伝統芸能」（第一〇条）では、宮中音楽の雅楽が筆頭で、つづいて武家が庇護した能楽、より庶民的な文楽・歌舞伎がつづき、地方文化の組踊等は末尾にある。

この「序列」は、概ね旧法にあたる文化芸術振興基本法を引き継いでいる。文化政策学者の根木昭（一九四三‐二〇一六）は、旧法で定められた「序列」について、「図式的に見れば、芸術文化を頂点とし、その下に、生活文化と国民娯楽が階層的ないし並列的に位置し、全体として三層ないし二層構造を持った体系としてとらえられる」（根木 2003：45）と、ここに上下の階層性を認めている。

そうなると、旧法にある「序列」がどのように定められたのかを知りたくなる。筆者が文化庁に請求し開示された行政文書によると、当時の与党の一翼を担っていた公明党・保守党の、二〇〇一年九月二七日の幹事会で文化庁が配布した法案では、ジャンルの例示はなかった。「基本的施策」の第八条から第一一条の見出しは、それぞれ「芸術文化活動に対する支援」「民間の支援活動の活性化」「伝統芸術文化の継承及び発展等」「地域固有芸術文化の保護及び発展」で、それらの条文はごく短いものだった。また、法案の名称は「文化芸術振興基本法」ではなく「芸術文化振興基本法」だった。それが、自民党と衆議院法制局での検討を経て、一一月一三日に政調審議会が決定した最終版の法案では、名称が変わるとともにジャンルの例示がつけ加えられた。その二カ月足らずのあいだに、さまざまなロビイングがあったことは想像できる。

文化庁から開示された行政文書に、「各条の該当分野例」の表がある（表1）。この表をみれば、法案に規定するもののほかに、どのようなジャンルを想定していたのかがわかる。なかには、「国民娯楽」にある「投扇興」「蹴鞠」「貝あわせ」のように、なぜこれが入ったのかよくわからないものもある。

もちろん、文化政策の現場では、ジャンルに序列をつけて扱いを変えたりはしていないだろう。例示されていない分野でも法の対象になるので、ジャンルによって取扱いに差をつけないようにとの国会の附帯決議も、旧法の制定時にはされている。

しかしながら、法律上の順番は文化政策のさまざまな場面で参照されている。一例をあげるならば、二〇一一年に制定された、さいたま市文化芸術都市創造条例では、この例示がなぞられて

条　文	分野	具体例
第８条 芸術	文学	小説、児童文学、現代詩、短歌、俳句、評論、川柳、戯曲、翻訳等
	音楽	オペラ、オーケストラ、室内楽、合唱、吹奏楽、ジャズ、ポップス、ロック、童謡、唱歌、民謡、民族音楽等
	美術	日本画、洋画、彫刻、氷彫刻、工芸、陶芸、書、建築、版画、デザイン、現代美術等
	写真	写真
	演劇	現代演劇、喜劇、人形劇、ミュージカル、児童演劇等
	舞踊	邦舞、洋舞、バレエ、現代舞踊、コンテンポラリーダンス、舞踏等
	その他	詩吟、詩舞等
第９条 メディア芸術	映画	劇映画、ドキュメンタリー映画、映画評論等
	漫画	新聞漫画、雑誌漫画等
	アニメーション	テレビアニメ、ビデオアニメ、映画アニメ等
	CG等	コンピュータグラフィックス、ゲームソフト等
第１０条 伝統芸能		雅楽（篳篥、笙等）、能楽（能、狂言）、文楽、歌舞伎、組踊、箏曲、長唄、清元節、常磐津節等
第１１条 芸能		講談、落語、浪曲、漫談、漫才、歌唱、腹話術、奇術、曲芸、サーカス、物まね等
第１２条 生活文化 国民娯楽 出版物等	生活文化	華道、茶道、書道、ファッション、食文化、フラワーデザイン、盆栽、園芸、水石等
	国民娯楽	囲碁、将棋、トランプ、麻雀、カルタ、投扇興、蹴鞠、貝あわせ、コントラクトブリッジ等
	出版物等	出版物、レコード（レコード、ＣＤ、ＭＤ、テープ）等
第１３条 文化財等	有形の文化財	建造物、絵画、彫刻、工芸品、書跡、典籍、古文書、遺跡、名勝地、生活用具等
	無形の文化財	芸能、工芸技術、武道・相撲などの身体文化、祭り、風俗慣習等

（網掛け）は法案に規定するもの

表１　［文化芸術振興基本法］各条の該当分野例[5]

いる。順番もさることながら、国の法律で例示されていないものを、条例に含めることが難しい事情は、どこの自治体でも変わらないだろう。

旧法の条文には規定されなかったが、改正された「基本法」で例示に追加されたのが、第一〇条の「組踊」と第一二条の「食文化」である。逐条解説によると追加の理由は、「既に例示されているものとの整合性を図る必要があるものや、関係団体がまとまり、明示することについて関係者で合意に達しているものについてのみ、追加したところである」（河村、伊藤 2018：100）とされている。沖縄の「組踊」を入れたのは、ユネスコ無形文化遺産に登録され、重要無形文化財にもなっていることとのバランスのためである。「生活文化」に「食文化」が加わった理由は、日本食文化普及推進議員連盟の働きかけがあったという（河村、伊藤 2018：102–103）。業界による政治家へのロビイングの臭いを、どうしても感じてしまう。

「生活文化」のカテゴリーは、旧法にすでにあった。しかし、「茶道」「華道」「書道」を「生活文化」というには違和感もある。たしかに、それらは「日本文化」として生活の一部に溶け込んでいるともいえるが、誰もがお茶、お花、書をたしなんでいるわけではない。筆者などは、それらよりも掃除や洗濯、日本発の温水洗浄便座などのほうがよほど「生活文化」だと思う。野球やサッカーの観戦も「生活文化」といってよいはずだが、スポーツ庁との縦割りに阻まれたのだろ

（5）文化庁開示行政文書。

うか。ほかにも、性にまつわること、ギャンブル、信仰にもとづく習慣なども「生活文化」といえるはずだが、それらが含まれないことに恣意性を感じる。

「基本法」では、これらの「文化芸術」に対して、関係する物品の保存、知識や技能の継承への支援なども新たに書き加えられた。「伝承する文化」を継承し、強化する意図であろう。

さて、この「基本法」であるが、その条文に議員立法ゆえの甘さも感じられる。通常の立法では、担当省庁の審議会で専門家が議論して方向性を出し、それを官僚が内閣法制局と相談しながら条文化する。その法律を専門とする官僚が起草して、「法の番人」たる内閣法制局が叩くのだから、抜かりのない法案に仕上がって与党審査、閣議決定を経て国会に上程される。しかし、議員立法の場合は、議員とそのブレーンが両院の法制局と相談して起草したものが国会に出される。その結果、その法律に精通している官僚なら使わないような文言が、法案に書かれてしまうことがあるようだ。

「基本法」でそれを感じてしまうのが、第二〇条の著作権に関する書きぶりである。

（著作権等の保護及び利用）
第二〇条　国は、文化芸術の振興の基盤をなす著作者の権利及びこれに隣接する権利（以下この条において「著作権等」という。）について、著作権等に関する内外の動向を踏まえつつ、著作権等の保護及び公正な利用を図るため、……その他の必要な施策を講ずるものとする。

ここでは著作権と著作者隣接権を「著作権等」とくくったうえで、「著作権等の保護及び公正な利用を図るため」と書いてしまっている。うっかりすれば読み飛ばしてしまうところだが、筆者はひっかかる。なぜならば、著作権法第一条は、「……これらの文化的所産の公正な利用に留意しつつ、著作者等の権利の保護を図り……」である。「公正な利用」をするのは「文化的所産」のほうであって、「基本法」にあるように「著作権等」の「公正な利用」ではないのだ。ちなみに、旧法のこの部分は、「これらの保護及び公正な利用を図るため」で、「基本法」では「これらの」を「著作権等の」に改めて明確化している。

著作権法の基本は、「文化的所産の公正な利用」のために「著作権等」を制限していることにある。「基本法」の逐条解説をみると、この条文の趣旨は、「著作物の適正な流通環境の整備及び著作権等侵害に対する対策を加えるものである」（河村、伊藤 2018：110）と、もっぱら著作権の保護に偏っている。「基本法」はプロ・コピーライト法ではないかと思えるくらいだ。

実は旧法の検討段階（二〇〇一年九月二七日、公明党・保守党幹事会提出版）の案は、こうではなかった。

（権利の保護）

第一四条　国は、芸術文化の所産の公正な利用に留意しつつ、芸術文化の所産に係る権利の保護を図るため、必要な施策を講ずるものとする。(6)

この書きぶりならば、「公正な利用に留意」するのは「芸術文化の所産」なので、著作権法の趣旨に照らして違和感はない。それが旧法の最終的な法案にまとめられるまでの、恐らくは自民党による審査の段階で、現行法に近い妙な条文に変えられたのだろう。

「基本法」のこの条文の書きぶりがしっくりこないことを、文化庁の官僚も感じたのではないかと邪推する。それを匂わせることが、「基本法」を受けて文化庁がまとめた「文化芸術推進基本計画」（第一期、二〇一八－二〇二二年度）にある。そこには、「著作権等については、……権利保護と公正な利用のバランスを取りながら施策を展開していく」（閣議決定 2018：14 傍点筆者）という文言がみられるからだ。この書きぶりは、著作権法の姿勢により近いものになっている。こういうしれっとした軌道修正を、その道のプロである官僚がしていたのならば、心憎いと思う。

「基本法」で旧法に追加された部分には、日本の「文化」概念に転換をもたらすようなことが含まれている。「基本理念」にあたる第二条に追加された第一〇項のことだ。

10　文化芸術に関する施策の推進に当たっては、文化芸術により生み出される様々な価値を文化芸術の継承、発展及び創造に活用することが重要であることに鑑み、文化芸術の固有の意義と価値を尊重しつつ、観光、まちづくり、国際交流、福祉、教育、産業その他の各関連分野における施策との有機的な連携が図られるよう配慮されなければならない。

重要な追加だと思うので、これを新設した趣旨についての逐条解説を引いておく。

○　今回の改正は、文化芸術の振興にとどまらず、観光、まちづくり、国際交流、福祉、教育、産業その他の各関連分野における施策を法律の範囲に取り込むことであり、新たに生み出される様々な価値を文化芸術の継承、発展及び創造に活用するには、これら関連分野の施策との有機的な連携が重要であることから、新たに規定を設けられたものである。

○　なお、観光やまちづくり等関連分野を通じて生み出される様々な価値を活用する際には、「文化芸術の固有の意義と価値を尊重」することが肝要であり、その旨も合わせて確認的に規定しているものである。（河村、伊藤 2018：94）

ようは、「文化芸術」が生み出す価値を観光、まちづくりほかのことに活用し、そこで生まれた利潤を「文化芸術」の継承・発展・創造に使うサイクルを作りたいということだ。著作権の議論でよくいわれる、「創造のサイクル」の応用編である。

しかし、そうするとどうなるだろうか？「文化芸術」には、観光、まちづくりほかに「活用できる」ことが求められる。結果的に、文化財には公開の圧力が高まり保存性が低下する。その他

（6）文化庁開示行政文書。

の「文化芸術」にも「活用できる」ことがその「価値」に加えられる。これは、戦後日本の「文化」概念にとって新しい事態である。

文化経済戦略

二〇一七年には、このほかにも日本の「文化」概念を大きく転換する政策が決まった。内閣官房がイニシアチブをとってまとめた「文化経済戦略」（内閣官房、文化庁 2017）（以後、「戦略」）のことだ。それが文化庁の頭越しに進められたことを伺わせる文章が、内閣官房のウェブページに掲載されている。

これまでの文化庁における文化振興にとどまらず、オリパラをはじめ、産業、観光、まち・ひと・しごと等、内閣官房や各府省等が行う文化関連施策を横断的に取り扱い統合強化した上で、経済拡大戦略のためのプランを策定していくことが必要となっています。こうした総合的な企画調整を進めていくため、文化庁の枠組みを越える相応の体制を整える必要があり、内閣官房において関係府省庁等の職員が参集したチームを平成二九年三月に創設しました。(7)

「戦略」は、第二次安倍政権で特徴的だった、官邸主導の政策推進のひとつだったといえよう。「戦略」策定の背景となった基本認識は、「国・地方自治体・企業・個人が文化への戦略的投資を拡大」「文化を起点に産業等他分野と連携した創造的活動によって新たな価値を創出」「その新たな価値が文化に再投資され持続的な発展に繋がる好循環を構築」である。そして、六つの重点戦略の二番目に「文化芸術資源の活用」があり、「積極的な公開・活用を推進するための文化財保護制度の見直し」「観光・まちづくり等への積極的な活用」などを進めるとある。(8)これにもとづいて『文化経済戦略アクションプラン二〇一八』が作られ、二〇二〇年までを視野においた工程表と達成目標が定められた。また先に触れた「文化芸術推進基本計画」の五ヵ年計画も二〇一八年からはじまった。そこでは四つの目標と六つの戦略が定められている。こうして国の「文化」は、経済振興策の色彩を強めながら、政府によって計画され、PDCAサイクルによって管理される対象になった。

さらには、新型コロナウィルス感染症が第一波のピークを迎え、七都府県に最初の緊急事態宣言が出されていた二〇二〇年四月一〇日に「文化観光拠点施設を中核とした地域における文化観光の推進に関する法律」(文化観光推進法)が、参議院で全会一致で可決・成立した。この法律は、内外からの観光客の来訪を促進するために、文化資源を活用することを狙ったものである。この

(7) https://www.cas.go.jp/jp/seisaku/bunkakeizaisenryaku/index.html(二〇二二年三月二二日閲覧)
(8) https://www.cas.go.jp/jp/seisaku/bunkakeizaisenryaku/pdf/senryaku_gaiyou.pdf(二〇二二年三月二二日閲覧)

法律にもとづき、博物館等のインバウンド強化事業としてキャッシュレス化や、案内表示の多言語化の公募があり、近畿日本ツーリストが事務局業務を受注した[9]。また、「文化芸術収益力強化事業」の一環で、新型コロナ対策への支援のための委託事業者の公募もあり、いくつかの企業等からの提案が採択されたことも付記しておく[10]。

二〇一七年の転換

二〇一七年の「基本法」「戦略」によって、日本の「文化」概念にどのような転換が起きたのか、ウィリアムズに立ち戻って議論したい。リマインドしておくと、彼は通用している「文化」の用法を三つに整理した。すなわち、①「知的・精神的・美学的発達の全体的な過程」をいう独立した抽象名詞で一八世紀からの用法、②「ある国民、ある時代、ある集団、あるいは人間全体の、特定の生活様式」をさす独立名詞でヘルダーとクレム以降の用法、③「知的、とくに芸術的な活動の実践やそこで生み出される作品」をいう独立した抽象名詞の用法である。それらに対して筆者は、「耕す文化」「伝承する文化」「創る文化」という仮の呼称をあてはめた。

さらに別のことばに置き換えるならば、「耕す文化」は「個人・集団の内的涵養」を意味する。同様に「伝承する文化」は「アイデンティティー・ポリティクス」と結びつき、「創る文化」は「文化の市場化・産業化」のためだといえる。日本の法律にあてはめるならば、文化財保護法の「文化」は「伝承する文化」で、著作権法が守る「文化」は「創る文化」になる。

戦後日本の文化政策の歩みを振り返ると、日本国憲法附帯決議にみられる「基本的人権を尊重して、民主的国家機構を確立し、文化国家として国民の道義的水準を昂揚し」の「文化」は、国民の内的涵養のことで、「耕す文化」のことである。

ところが、一九八〇年に大平政策研究会が打ち出した「文化の時代」の「文化」は、アイデンティティー・ポリティクスとしての「伝承する文化」のことである。このあたりから、「耕す文化」は日本の文化政策の後景に引いていった。もっとも、政策というからにはそれは行政の仕事である。ところが、戦前の反省から、政府は個人の内面のことには踏み込まない原則がある。そのため、内面に関わる「耕す文化」には手を出しにくかった事情もあろう。

留意しなければならないのは、「耕す文化」と「伝承する文化」には、一部相容れない点があることだ。前者が意味する「個人・集団の内的涵養」は人類に普遍的な価値観にもとづくことが理想である。たとえ普遍的でなくても、少なくとも異文化に属する他者でも理解可能な形での「涵養」でなければならない。一方、後者から導かれるアイデンティティー・ポリティクスには、全人類的な観点は求められない。戦前の日本やドイツで強調された「文化」は、普遍性に欠けていた。ほかとは違っている固有性に価値があり、それを守ることを強調するのが後者である。日本

(9) https://www.bunka.go.jp/shinsei_boshu/kobo/9241610l.html(二〇二一年三月二二日閲覧)
(10) https://www.bunka.go.jp/shinsei_boshu/kobo/9237800l.html(二〇二一年三月二二日閲覧)

の文化政策における「文化」概念は、一九八〇年代に普遍性から遠ざかり、日本文化の固有性に向かいはじめたといえる。

加えて、一九九五年の「新しい文化立国」からは、「文化」の市場化・産業化のための「創る文化」にも焦点があたるようになった。二〇一六年までは「伝承する文化」と「創る文化」が中心だった文化政策に、異質なものが加わったのが二〇一七年である。それは、インバウンド客からの外貨獲得のための、**「観せる文化」**とでもいうべきものである。

「観せる文化」がなぜ異質なのだろうか？　「伝承する文化」「創る文化」は、文化の保存と創造の支援が主目的であるのに対して、「観せる文化」は文化の消費需要の喚起——とりわけ外国人向け——が前面に出るからだ。つまり、保存と創造に直接関与しない、むしろ一部逆行するかもしれない消費を打ち出した点が異質なのだ。

「伝承する文化」と「観せる文化」とは相克関係にある。観光客に観せるために、文化財の公開への圧力が高まる。それは必然的に保存性を低下させる。「観せ」て稼いだ金を保存修復に回す狙いはあるものの、それで文化財が傷むようでは本末転倒だ。

一方、「創る文化」は「観せる文化」とは相性のよい部分もある。そもそも現代的な文化創造は、鑑賞されることを目的にしていると考えられるからだ。しかし、あふれるようなインバウンド客に観せることが目的になると、創造の方向性が変わってしまうことは否めない。典型的には、京都の空いた町屋を使った「サムライ体験」や「ニンジャ・ショー」が「日本文化」として創造されている。

このように、ウィリアムズが想定しなかったような、「観せる文化」が、二〇一七年以後の日本の「文化」概念に加わったように思う。しかし、こうした現象は、明治まで遡れば、また世界的にみれば例がなかったわけではない。

たとえば、明治二〇年代頃に横浜・神戸・長崎・函館などの開港場で外国人に向けて売られた写真アルバムである。漆塗りに象眼をあしらった豪華な装幀がされたアルバムには、サムライやゲイシャの扮装をしたモデルたちが、写真スタジオで切腹や踊りのまねごとをしてカメラに収まった。これはまぎれもなく、外国人からの外貨獲得のための「観せる文化」である。

ギリシア、イタリア、スペイン、フランス、イギリス、インドネシアのバリ島などでは、「観せる文化」で外貨を稼ぐことを先行してやってきた。「アベノミクス」で株価は上昇しても、経済成長も個人消費支出も回復できなかった政権が、観光で外貨獲得をと考えたのも自然な流れだったろう。

とはいえ、「文化」が「経済戦略」になったことで、それがもともと持っていたはずの、「個人・集団の内的涵養」の意味での「耕す文化」の要素がやせ細ってしまったように思う。「伝承する文化」「創る文化」「観せる文化」が加わったことで、「耕す文化」の意味合いが相対的に小さくなってしまった。それは、国のエージェンシーが「文化」の面倒をみることになった結果、その管理下における範囲のこと、いいかえるならば補助金行政のコントロールが効く範囲のことに、政策における「文化」概念が矮小化されてしまったということだ。

これから必要なことは、「文化」の重点を「観せる」ことや（観せるために）「創る」ことにおくのではなく、「耕す」側面をもっと強調することではないだろうか。

第Ⅲ部　文化のコモンズへ

第七章　文化コモンズを考える

たとえば言語は情動や身ぶりと同様、大部分は共有物であるが、もし実際に言語が私的または公的所有物になったとすれば――つまり単語やフレーズ、発話のかなりの部分が私的所有や公的権威に従属させられたとすれば――言語のもつ表現や創造、コミュニケーションの力は失われてしまう。（アントニオ・ネグリ、マイケル・ハート（水嶋一憲監訳）『コモンウェルス（上）』NHKブックス、一六頁）

「文化」は集団的なもの

「文化」とは、人間社会の集団的な現象である。

第五章で紹介したユネスコの定義にもあるように、「文化とは、特定の社会または社会集団に特有の、精神的、物質的、知的、感情的特徴をあわせたもの」である。そこには「文化的所産」の生産者への特段の言及はない。「文化」は、「文化的所産」の生産者と流通者が独占できるものではない。生産者に特権的な地位を必ずしも認めるものではなく、「文化」をわかちあう集団こそが主役である。集団が「文化」を「耕す」土壌に、もっと注目するべきだろう。

著作権は、「文化的所産」の生産者と流通者を保護している。それは「文化」という現象の一部しか視野においておらず、「文化の発展」のためのルールとしては不十分だ。本章では、より包括的な「文化のルール」と、「文化」を「耕す」土壌とを考える手がかりとして、文化コモンズに注目してみたい。

一九八〇年代頃から新自由主義が世界を席巻していくなかで、社会のなかでの共・公・官の役割が、軽くみられるようになってきた。政府や自治体の役割を小さくし、公営事業を民営化し、規制緩和で競争させてより強い者が生き残り、弱者には富がトリクルダウンするような社会を作ることが、二〇〇〇年代以後の日本でも試みられてきた。新自由主義者のなかには、富の再分配や不平等の平準化といった、共・公・官がはたすべき役割は、もはや不要というひともいるようだ。

新自由主義が考える社会で、「文化」はどのように位置づけられるのだろうか？　「文化」とは、それを担うひとびとのあいだに広く共有されながら、受け継がれていくものでもある。そこに利益があるかどうかは本質的ではない。米の飯を箸で食べることを、東アジア人の多くは特別に意識しているわけではないが、誰に強制されるでもなく親から伝えられ、子どもへと伝えている。ふだんは意識されることもなく存在し、伝わっていくものが「伝承する文化」である。「伝承する文化」には、新自由主義が退けてきた、共的・公的な側面があるのだ。

ところが、「文化」が産業化していくなかで、それが経済的な利益につながることもわかってきた。米食が広がれば炊飯器が売れるように、特定のロゴが入ったバッグを下げて街歩きをする「文化」ができあがれば、ブランド品が売れるのだ。音楽や映画の宣伝に莫大な資本を投入すれば、それほど優れた作品でなくても、それなりの収益があがる。メディアで大きく取り上げられていれば、それを消費することが当たり前のように思え、大勢のひとが実際にそれを消費するようになる。これは「創る文化」の一種である。

「文化」の産業化とともに、その囲い込みが急速に進んだ。囲い込みは、もとは土地所有についての用語である。所有権がはっきりしない土地を、文字どおり囲い込み、ここは自分の土地だと主張することをいう。歴史的には一六－一八世紀のイギリスで、貴族らがそうして私有地を増やしていったことなどに由来する。開拓時代のアメリカでも、入植者が土地を囲って所有権を主張した。

「文化」の囲い込みは、柵で囲った領域を「文化」というみえにくい空間に作り出すことである。誰が創ったかわからないものや、コミュニティーで育まれた表現までを、個人や企業のものにしてしまうことが、「文化」の囲い込みである。

そうした囲い込みに対抗して、共的な「文化」を取り戻す動きもある。インターネットによって「文化」の囲い込みに風穴を開け、あるいはネットで結ばれたひとびとが新たな共的な「文化」を作り出すことが、二〇〇〇年を過ぎたあたりから目立ってきた。ウィキペディア、ＹｏｕＴｕｂｅ、ニコニコ動画、ＴｉｋＴｏｋなどがその典型である。世界の「文化」を眺めると、囲い込みと「共的世界の創造」のふたつがせめぎ合っている。

こうしたせめぎあいは、著作権の保護期間を著作者の死後五〇年から七〇年に延長したさいにもみられた。二〇〇七年から翌年にかけて、アメリカ政府からの要望を背景に、日本の産業界と多くの権利者団体が保護期間の延長を求めた。ところが、著作権法の目的である「文化の発展」にとって、延長はかえってマイナスだという声が、ユーザーと一部の権利者団体からあがり、いったん棚上げになった。それまで、著作権に関わる法律は、産業界や権利者団体が要望するとおりに規制が強化される一方だった。ところが、この保護期間延長問題ではじめて、ユーザーの声が集約され、それが大きなうねりになって延長が阻止された。サイレント・マジョリティーの声が法改正の流れを変えたという意味で、これは画期的な出来事だった（田中、林 2008）。しかし、それも結局は、ＴＰＰに加入するさいのアメリカとの秘密交渉のなかで、日本政府は延長に合意してしまった。最終的には、締約国に七〇年の保護期間を求める条項は、アメリカが離脱したＴＰＰ11では凍結された。それとは別に、日本政府は二〇一七年七月に、こちらも秘密裏に大枠合意した日・ＥＵ経済連携協定でも延長を約束していた。政府がその事実をあきらかにしたのは、同年一一月になってからだった。それもあって政府は、保護期間延長を強行し、二〇一八年からは死後七〇年になった。「文化」を「囲い込む」勢力が勝ち、青空文庫に代表される「共的世界の創造」の力が弱められてしまったのだ。

文章表現や音楽のような、形のないものへの所有権の主張がはじまったころから、権利を持つ者と持たざる者のあいだのせめぎ合いはあった。しかし、「文化」を独占と収奪の対象にする考えは、見直すべき時代がきている。

文化コモンズを求めて

アメリカ流のプロ・コピーライトに追随するのではなく、「文化」の創造的活力を生み出すための、異なるモデルを模索する必要がある。「文化」は時間と空間を越えて拡散する。そうして伝わった「異文化」と触れあうことで、「自文化」の活性化と変容が起こる。「文化」は他者の存在があってはじめて意識されるものでもある。それでいて、「文化」を護るために、あるいはそこから利益を得るために、他者を排除する所有の意識がつきまとう。このように、「文化」には所有と拡散という相容れないふたつの側面がある。

日本の有力な「ソフトパワー」とされる「伝統文化」を通覧すれば、著作権ができるよりもまえから、すでにあったものが多い。つまり、著作権で保護することが、後世に残る「文化」を生み出す唯一の方法でないことは、あきらかなのだ。豊かな「文化」を持つ社会を実現するために、「文化」の所有と拡散についてどのようなスタンスが必要なのか。著作権保護を第一とする姿勢とは異なる方向性を模索したい。

例をあげてみよう。著作権を尊重する立場からいえば、個人が創作した作品をある会社から販売するときは、誰がどれだけの権利を持つのかを明確にしたうえで、プロジェクトをはじめる必要があるとされる。また、他人の著作物を使用する場合は、著作権が制限される場合や別に定めがある場合を除いて、あらかじめ文書で許諾を取っておかないと、あとでトラブルになったときに困るぞと、法律家たちはいう。日本人の契約意識を欧米水準にするべきだとも、永くいわれてきた。はたして、それが「よいこと」だといいきれるだろうか？　契約文書を交わさなくても物事をおさめてきた知恵と慣習を、やはり捨て去るべきなのだろうか？

法律家たちが契約を大事にすることには、歴史的な経緯もある。欧米近代の社会に追いつくために、近世以前の日本にあった社会システムや紛争解決手段を「封建的」と否定し、破壊することが近代法の設計思想だったからだ。江戸時代の諸制度が「封建的」だったことは否定できない。しかし、文明開化のときにそれらの長短を吟味することなく一律に否定して、上からの近代化を進めたことも事実だろう。

近世以前の日本にみられ、現代にもそれと類似した現象があるものを、文化コモンズという概念でとらえてみたい。だがそのまえに、諸学で考察されてきたことを眺めつつ、いくつかの基本的な概念を整理しておく必要がある。

まずは文化コモンズへとつながる先行研究をみておこう。最初に取り上げるべきは、シャーロット・ヘスとコモンズ論研究でノーベル経済学賞を受賞したエリノア・オストロム（一九三三－二〇一二）が編集した *Understanding Knowledge as a Commons* (Hess and Ostrom 2007) である。デジタル化された知識が企業によって「囲い込まれ」ていく現状を憂いつつ、知識が社会のなかではたす役割を分析し、囲い込みからどのように防衛するかを、彼女たちは探っている。

コモンズ論の中心課題は、控除性（subtractability）[1]のある財をいかに管理し、持続的に用益を得るかにあった。したがって、知識のような控除性のない財は、コモンズ論の対象外だった。コモンズ論のオピニオン・リーダーだったオストロムがコモンズを「一群のひとびとによって共有される資源のこと」（Hess and Ostrom 2007: 4）と広くとらえ、知識のような無体財をコモンズとして、最晩年の研究対象にしたことは重要である。

一九九〇年代半ば以降、国際的なアリーナにおける知的財産は「文化」の領域からは遠ざかり、経済と貿易の文脈で議論されるようになった。「関税および貿易に関する一般協定」（GATT）のウルグアイ・ラウンドが一九九四年にマラケシュで決着し、それにより世界貿易機関（WTO）が設立された。それ以後、知的財産についての国際協約は、WTOを生んだマラケシュ協定の一部である「知的所有権の貿易関連の側面に関する協定」（TRIPs協定）の枠組みのなかで議論されるようになった。知的所有権についての国際機関では、世界知的所有権機関（WIPO）が一九七〇年に設立されている。しかし、加盟国の対立によってWIPOの機能が低下し、それがTRIPs協定が結ばれた背景にあった。

知的財産の囲い込みが進む危険性は、研究者のあいだでは二〇〇〇年以前から認識されていた。

（1）その財を使うと、ほかのひとが使えなくなる性質。経済学では競合性（ribalry）ともいう。

政治経済学者のクリストファー・メイは、*A Global Political Economy of Intellectual Property Rights*（May 2000）で、ＴＲＩＰｓ協定を境に知的財産の囲い込みが進んだことに対して、「個」と「コモン」のバランスを取る必要があることを論じている。

知的財産権が強化され、文化や知識のコモンズが奪われていることへの危機感や、表現の自由の確保、パブリック・ドメイン（ＰＤ）の重要性をテーマにした書籍としては、ケンブリュー・マクラウドの *Owning Culture*（McLeod 2001）、デビッド・ボリアーの *Silent Theft*（Bollier 2002）、ミケーレ・ボルドリンとディヴィッド・レヴァインの *Against Intellectual Monopoly*（Boldrin and Levine 2008）、ニール・ネタネルの *Copyright's Paradox*（Netanel 2008）、ジェームス・ボイルの *The Public Domain*（Boyle 2008）、カル・ラウスティアラらの *The Knockoff Economy*（Raustiala 2012）などがある。

ギャレット・ハーディン（一九一五－二〇〇三）の「コモンズの悲劇」（Hardin 1968）という有名なモデルがある。柵で囲われた牧草地で牛を自由に飼うことができるならば、村人は自己の利益を最大にするために自分の牛をたくさん飼おうとし、その結果、牧草が食べ尽くされ、牛も死に絶えてしまうというものである。

そこからヒントを得た「アンチコモンズの悲劇」というモデルもある（Heller 1998）。それは、資源が小さな所有権に分割されたとき、資源全体の利用を個々の権利者が有効に阻止できることによって生じる「悲劇」である。たとえば、商店街を大規模な商業ビルに建て替えようとしたとき、予定地のなかに小さな土地を持っているひとが一人でも反対すれば、計画全体が進まなくなることが「アンチコモンズの悲劇」である。

その「アンチコモンズの悲劇」のモデルを提唱したマイケル・ヘラーは、*The Gridlock Economy*（Heller 2008）を上梓した。ヘラーは世界中の資源が細分化され、経済が「鉄格子にはめられている」いる現状を指摘し、「鉄格子」を解くために、資源をモニタリングすること、既存の法律を調整すること、細分化した権利を集めることなどの、「解決ツールキット」を提言している。

現代の「文化」は「アンチコモンズの悲劇」に直面している。典型的なのが過去のテレビ番組である。ひとつの番組にたくさんの権利があるため、懐かしい番組を再利用するにも権利処理にコストがかかり過ぎ、結局使えないままになる。ヘラーの「解決ツールキット」は、「文化」の「鉄格子」を解くのにも参考になるだろう。

国内の出版物からもひとつ、環境社会学者の宮内泰介が編集した『コモンズをささえるしくみ』（宮内 2006）を紹介しておきたい。主に環境社会学者のグループが執筆した書物であるが、「写し巡礼」のシナリオや京都・西陣の音環境のように、それ自体が「文化」であり控除性のない無体財のことも論じている。宮内の考えるコモンズは、文化コモンズを含む包括的なものである。

総有と共有

コモンズ論は、公共経済学や農村社会学・環境社会学の分野で一九九〇年代以後、さかんに議論されてきた。ところが、コモンズをどう考えるかは、おなじ専門分野のなかでもさまざまな意見がある。ましてや、専門分野を越えて一致した定義などはない。もとは土地や環境についての概念であるコモンズを、「文化」の領域に拡張して適用することには、いっそうの困難がある。(2) しかし、用語の意味の多様性を知っておかなければ、話を先に進めることができず、誤解を招くおそれもある。

コモンズ論の頻出語でありながら、多様な意味を持つものに、「総有」「共有」がある。「総有」は法学用語で、『日国』には「共同所有の一形態。団体構成員の各人には単に使用・収益の権能があるだけで、分割請求権や管理権はない」とある。そして、民法にある「入会権」は、「総有」にあたると理解されている。

法学の「総有」には、共同所有者の持分権がない。したがって、持分の分割請求をすることはできず、団体主義的で身分権的な性格がある。「総有」は封建時代の遺制で、撲滅すべきとするのが明治以来、支配的だった。

一方、非法学の社会科学での「総有」とは、たんに入会集団の所有形態を指すのではなく、村落の土地全体をも含む共同体による全体所有の形態をいう。この意味での「総有」は、土地の私的所有の基底にあって、それを実効的にコントロールする性質がある。

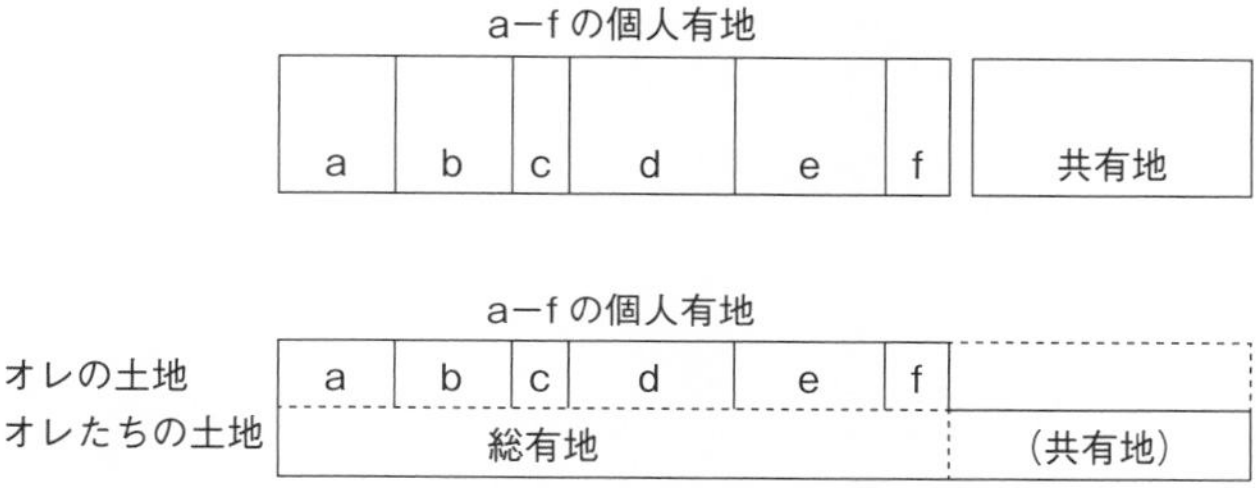

図1　土地所有のあり方（鳥越 1997：9）

「総有」を理解するには、社会学者の鳥越皓之が示した概念図がわかりやすい。私的所有制度のもとでの村落の個人有地は、図1の上図のように、土地が単純に個人に分割されているのではない。図1の下図のように、「オレの土地」の基底に「オレたちの土地」がある二重構造を持つ。したがって、村落のなかの個人有地には共同体の規制がかかっていて、土地を自由に売買することは実質的にはできないようになっている。

　これはたいへん封建的だと思われても仕方ない。土地の私的所有権を確立して税を取ること、そして土地所有の流動性を高めて開発を容易にすることが、国を近代化するためには不可欠だった。近代化を達成するために、明治以後の法制度は、「総有」的なものを壊す明確な意図をもって組み立てられてきた。しかし文明開化を経ても「総有」は、村落社会に厳然として存在していたため、そうした慣習的な権利を、民法でも「入会権」として残さざるをえなかった。

　非法学では「総有」は、法学とは反対に肯定的に考えられるよう

（2）　コモンズ概念の安易な拡張を懸念する論文に（菅 2010）がある。

になった（菅 2004）。図1の下図でいうならば、村人は個人の所有地の多寡にかかわらず、「総有」の共有地にアクセスして薪を拾うなどの用益を受けることができる。つまり、ここでは貧富の差が平準化されるのである。また、個人の所有地に共同体の規制がかかるため、村人の知らないあいだに近所の土地が都会の開発業者のものになることもない。一個人の意志だけでは共有地を処分できないので、里山の自然が保たれる。つまり、「総有」には環境保全の機能があるのだ。

つぎに「共有」である。この語は「ふたりでマンションを買って、共有しない？」「文化財は人類共有のもの」などのように、日常語として使われている。『日国』をみると、「共有」の第一の意味は、「一つの物を、二人以上で所有すること。共同でもつこと。もちあい」と書かれてある。法学の「共有」では、各共有者にはそれぞれの持分があり、各人の持分は完全な所有権である。したがって、共有者には持分の分割請求権があり、共有持分を自由に処分できる。「共有」の語から連想される共的なイメージとは違って、たいへん個人主義的な性格がある。

日常語の「共有」は、法学の「共有」とは少し意味がずれている。ふたりの「共有」にしたマンションならば、ケンカ別れするときには自分の持分を分割して処分できる。マンションの「共有」は、法学での意味とおなじだ。では、「文化財は人類共有のもの」の「共有」はどうだろうか？　世界遺産の寺院は「共有」の文化財だからといって、瓦の一枚、壁のひとかけらも持ち帰る権利はない。「共有」の文化財に対しては、自分の持分を分割請求することも処分することもできない。したがって、この場合「共有」の意味内容は、法学のそれではない。

文化財は人類の全員ではなく、国家や法人、個人が所有し管理している。人類の全員がそこから用益が得られるわけでもない。せいぜい近くから鑑賞する程度で、それも有料だったりする。文化財は「共有」の財だというにはほど遠い実態がある。「文化財は人類共有のもの」というレトリックからは、政治的で大衆誘導的な意図を読み取らなければならない。

非法学の社会科学では、「共有」の語は学術タームとしては確立していないようである。鳥越は、「総有」地のうち個人の所有地でない部分に「共有地」の語をあてはめているが（図1）、これも一般的な共通理解ではなさそうだ。環境経済学者らは、「資源利用が特定できるメンバーによって管理されており、公的所有でもなく、私的所有でもない」ものを「共的所有制度」と呼んでいる（室田ほか 2003：107）。この定義のほうが、「共有」の一般的なイメージに近いのではないだろうか。

一方、デジタル社会論でいう「共有」は、資源が多数のひとびとに利用される状態のことをいう。そして多くの場合、資源の利用に対価を要求されない。インターネット上にある、各種の無料サービスを思い浮かべてもらえば、それが具体的にどのようなものかは容易に想像できるだろう。

コモンズの定義と所有制度

「コモンズ」の語は、コモンズ論の中核になる概念であるはずなのだが、これもまた論者によってじつにさまざまな定義がされている。それらは、（1）資源中心の定義、（2）社会システム中心の定義、（3）資源と社会システムを含む定義、の三種類に分類することができそうだ（室田、三俣 2004：158-162）（秋道 2004：12）。

（1）資源中心の定義

• オープンアクセスあるいはフリーアクセスが成立する資源。資源の利用が一定の集団に限られ、その資源の管理・利用についても、集団のなかである規律が定められ、利用にあたって、種々の権利、義務関係がともなっている場合。（浅子和美、國則守生）
• 所有権が設定されていないゆえに商品化・市場化されていない資源。（池田寛二）
• 所有権・利用権を限られた範囲の集団に設定することが難しく、その利用による影響を特定の範囲内に限定できないもの（グローバル・コモンズ）。所有権・利用権と利用による影響を、限られた範囲内の特定集団に限定することが可能なもの（ローカル・コモンズ）。（寺尾忠能）
• それを育む環境が好ましい状態にとどまる限りで再生産可能であるが、誤った利用によっては枯渇の危険性が大きくなる資源。（原洋之介）

（2）社会システム中心の定義

・対象となる自然環境や自然資源そのものを指すよりも、それぞれのおかれた諸条件の下で持続可能なかたちで管理・維持するための制度・組織。（植田和弘）

・ある特定の人々の集団が集まって、協同的な作業として、社会共通資本としての機能を十分生かせるように、その管理や運営をしていくもの。（宇沢弘文）

・おもに森（里山）・海（漁場）・川・湖沼などを地域の人びとが共同利用する場合をさす。資源の公共性と持続性を保障するメカニズムであると同時に、弱者の生存権を保障するシステムとしても機能しうる。（嘉田由紀子ほか）

・それぞれの環境資源がおかれた諸条件のもとで持続可能なかたちで利用、管理、維持するための制度・組織のあり方。（有斐閣『経済学辞典』）

・人々が共同してエクイタブルにアクセスもしくは使用でき、誰もがそれらを破壊することのできない社会制度。（平松紘）

・主として自然環境や自然資源を対象に、それらへのアクセス権と管理の方法が、慣習ないし制度によって備わっている社会的仕組みで、オープンアクセスとはあきらかに違うもの。（茂木愛一郎）

（3）資源と社会システムを含む定義

・自然資源の共同管理制度、及び共同管理の対象である資源そのもの。（井上真）

・商品化という形で私的所有や私的管理に分割されない、また同時に国や都道府県といった広域行政に包括されない、地域住民の「共」的管理（自治）による地域空間とその利用関係（社会関係）。（多辺田政弘）

・地域住民の自治的な管理によって用益され保全されている自然生態系の資源・環境とその共同的な利用関係。（『環境百科事典』）

・入会権の対象あるいはその制度的枠組み全体。（國則守生）

・共有とされる自然物や地理的空間、事象、道具だけでなく、共有資源（物）の所有と利用の権利や規則、状態までをも含んだ包括的な概念。（秋道智彌）

これらの定義が前提にしているコモンズは、土地や自然環境などの有体物で、入会地のように資源の管理と用益のメンバーシップがはっきりしている。「文化」の場合、たとえば美術品そのものは有体だが、その表現は無体である。そしてやっかいなことに、有体物と無体物の両方が「文化」として認識されている。そのうえ、「人類共有の文化」といういい方のように、用益が名目的にはグローバルに開かれている場合も想定しなければならない。

コモンズは、所有制度とも深い関係にある。経済学者の室田武（一九四三－二〇一九）らは、環境資源に関わる所有制度と、それぞれの制度下の資源の特性を、つぎのようにまとめている（室田ほか 2003：107）。

（1）非所有（無主）　すべての個人・団体によって利用が可能。その使用権は排他的権限でなく、共有であるが、所有に関しては誰のものでもないオープンアクセスである。

（2）公的所有　資源の所有権は国・地方公共団体にあり、利用・管理も公的機関が行っている。

（3）共的所有　資源利用が特定できるメンバーによって管理されており、公的所有でもなく、私的所有でもない。

（4）私的所有　資源の所有は個人にあり、その個人は社会的に許容される範囲で、他人を排除し、資源を利用・収益・処分できる。[3]

そして、コモンズと所有制度の関連では、つぎの三つの立場がある（井上 2001：10）。

①　非所有をはずし、共的所有のみをコモンズとする。

（3）　井上真は、「公」「私」の語に代えて「官」「個」を使用することを提案している（井上 2008：201-202）。

② 非所有をコモンズとし、共的所有をコミュナルとする。
③ 非所有をグローバル・コモンズ、共的所有をローカル・コモンズとする。

林学者の井上真は、③のポジションをとりつつ、「タイトなローカル・コモンズ」（利用について集団内である規律が定められ、利用に当たって種々の明示的なあるいは暗黙の権利・義務関係が伴っている）と、「ルースなローカル・コモンズ」（利用規制が存在せず集団のメンバーならば比較的自由に利用できる）にわけている。またローカル・コモンズを「自然資源にアクセスする権利が一定の集団・メンバーに限定される管理制度」、グローバル・コモンズを「自然資源にアクセスする権利が一定の集団・メンバーに限定されない管理制度」としている（井上 2001：11-13）。

人類学者の秋道智彌は、ローカル・コモンズとグローバル・コモンズのあいだにパブリック・コモンズ（社会一般や国家によって共有されるコモンズ）をおく。また、グローバル・コモンズには①大気や水のように遍在し、分割不可能なもの、②グローバルな生態と行動特性を持つが、地域ごとに分割してその占有権を主張できるもの、③地域に遍在しながら、グローバルな価値を持つもの、の三つがあるという（秋道 2004：17-25）。また、井上も秋道も、グローバル／ローカルは重層的に重なり合うものだとしている。

ネット空間が文化活動の場になっているいま、グローバル／ローカルを区別することの意味は、あまりないだろう。すべてはグローバル・コモンズだともいえるし、またローカル・コモンズが

表2　オストロムによるコモンズ存立の8条件（Ostrom 1990：90）（全米研究評議会 2012：612）

	条　件
1	資源には明確に定めることのできる境界を有すること
2	供給や利用の規則はローカルな条件に調和していること
3	資源に関する将来の政策決定には資源利用者が参加すること
4	モニタリングに工夫を施すこと
5	段階的に傾斜をつけた制裁方式であること
6	紛争処理メカニズムを内部にもっていること
7	組織する権利を自覚していること
8	（大きなシステムの一部の場合）仕組みが入れ子状になっていること

グローバルに広がっているともいえる。

農業社会学や環境学におけるコモンズ論の専門家ではない筆者は、この分野の文献を十分に読み込めていないことを、白状しなければならない。しかし、井上に代表される国内のコモンズ論者は、オストロムに代表される英語圏の研究とくらべて、そう遠くない位置に立っているように思える。[4]

オストロムは、コモンズ存立の八条件（表2）を示している。控除性のある資源を排除性（excludability）[5]のあるコミュニティーで長期にわたって持続的に維持するための条件である。その条件1には、「資源には明確に定めることのできる境界を有すること」とある。オストロムはそれを「共有資源から一定の資源を引き出す権利を持

（4）二〇〇二年までのコモンズ研究の歴史については、（全米研究評議会 2012：第1章）を参照。

（5）第三者による財の利用を排除する性質のこと。排他性ともいう。

つ個人や家計は、資源の境界と同時に、明確に定義されていなければならない」（Ostrom 1990: 90）と説明している。控除性のない無体財の場合、そもそも形がないわけだから、条件1からして成り立たない。たしかに、図書館の本のような共有資源を考えると、本の形が資源の境界を作っているようにみえる。しかし、本という物質は資源の本質ではなく、そこに書かれてあることが資源である。しかもそれは、本を返却したあとも利用者のなかに残り、第三者に伝えることもできる。つまり、「文化」のような無体のものについては、伝統的なコモンズ論はそのままではなじまない。

デジタル社会論でコモンズの語を広めた立役者に、法学者のローレンス・レッシグがいる。彼はコモンズの例を、つぎのように列挙している。

- 公道はコモンズだ。だれでも、ほかのだれかから許可を得ずに道路にアクセスできる。……
- 公園や浜辺はますますコモンズだ。だれでも、他から許可を得ずに自由にこうした空間にアクセスできる。……
- アインシュタインの相対性理論はコモンズだ。それは、宇宙の性質を理解する方法という意味でリソースであり、だれでも使えるようにオープンでフリーになっている。……
- 公共圏（パブリックドメイン）にある著作物はコモンズだ。他人の許可を得ずに、だれでも使えるようオープンでフリーになっている。……（レッシグ 2002：40–41）

レッシグはオストロムを引用しているので、自然環境のコモンズ論への目配りを忘れてはいない。だが一般書に書かれたこととはいえ、性質の異なるものをひとくくりにした、おおざっぱな印象はぬぐえない。フリーアクセスのことをコモンズといっているようにも思える。

コモンズ論を先導した農業社会学や環境学には、無体でありコミュニティーが管理しない資源をコモンズと呼ぶことへの反発もあるようだ。しかし、デジタル社会論ではレッシグの影響力は絶大であり、彼がはじめた「クリエイティブ・コモンズ」の語とともに、「コモンズ」の語はあいまいで包括的な概念として浸透している事実を無視することはできない。

ヘスもまた文化コモンズを念頭に、コモンズ概念を「集団に共有され、囲い込み、過剰使用、社会的ジレンマに対してぜい弱な文化資源」へと拡張し「制度的な観点からは、すべてのコモンズは何らかの意味で文化コモンズである」とした（Hess 2012: 25）。そして人気のある祭礼でのオーバーツーリズムと観光客規制の問題を取りあげ、文化コモンズと囲い込みについて論じている。どうやら、コモンズ概念に農業社会学や環境学を超えた広がりを与えることが、大きな流れになっているようだ。

「文化」を念頭においた場合、私的所有以外のすべてを大きくコモンズにくくらなければ、この語の使われ方の実態を反映できないと筆者は考える。ただし、私的所有はコモンズとはいえないが、誰かが所有していてもそれを強く主張せず、その用益が開かれていればコモンズとしての側面がある。

たとえば、二〇二〇年に新型コロナウィルス感染症が最初に流行したさいに、妖怪「アマビエ」がお守りとして注目された。「アマビエ」の図像が載った唯一の文献は、京都大学附属図書館が（私的にではないが）所有している。しかし、その版面は以前からオープンアクセス・データとして公開されていたので、所蔵表記さえすれば商用を含め無料で利用できる状態になっていた。その結果、「アマビエ」はネットで広く知れわたり、文化コモンズといえる状態が生まれた。

ちなみに、その「アマビエ」の文字を商標出願した製菓会社がある。その会社の社長は、他社が独占することを阻止するために出願したという。そして、商標が認められたら「権利はオープンにして誰でも使えるようにします」と明言していた[6]。これなどは、商標として私的に所有しつつ、用益を開いて「アマビエ」の文字を文化コモンズに留めようとした試みだといえる。結果的には、特許庁はこの出願を拒絶した。それによって、「アマビエ」は誰も排他的に使えない文化コモンズになり、製菓会社は出願の目的をはたした。

公共経済学者のエンリコ・ベルタキーニらは文化コモンズについてのはじめての英語の論文集になる *Cultural Commons*（2012）という本で、文化コモンズを「コミュニティーによって表現され、共有された種々の文化」と定義している（Bertacchini 2012: 3）。これではやはり「文化」が何を指すのかがあいまいであるし、コミュニティーによる所有の側面しかとらえていない。さらに彼らは、文化コモンズを「文化がローカルかグローバルか」「空間が物理的か仮想か」「コミュニティーが濃いか広いか」の三軸で文化コモンズを分類した（図2）。だが、この図にはやや疑問

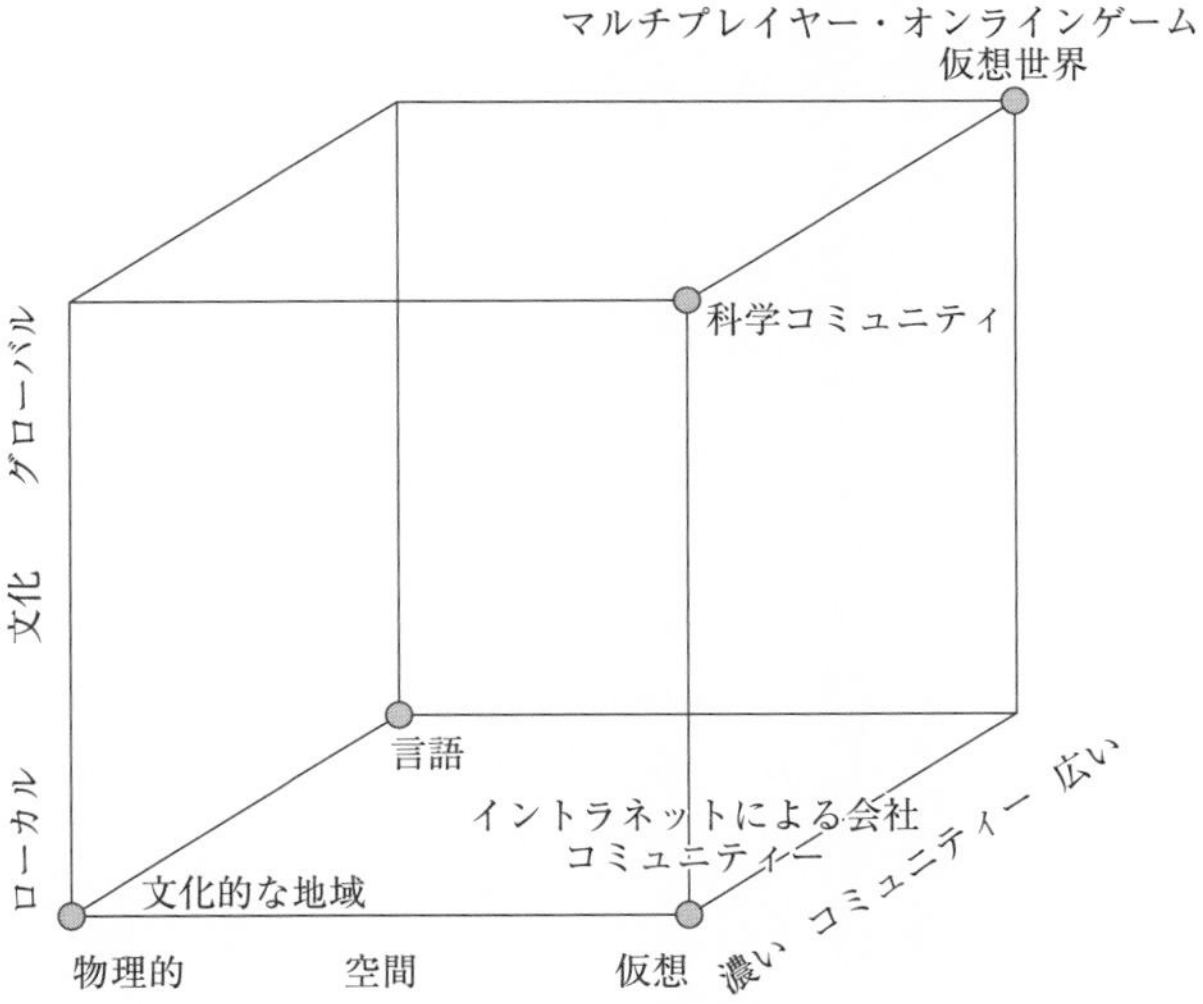

図2　ベルタキーニらによる「文化コモンズの3次元」
(Bertacchini 2012: 7)

を感じる。「文化」の軸は空間的な広がりのことなので「空間」軸と相関する。「コミュニティー」軸はありえる考え方ではあるが、科学コミュニティーが濃く、オンラインゲームのコミュニティーが広いというのは、どうもしっくりこない。何よりも、図2の立方体の八つの頂点のうち三つが空白なのは、これらの三軸が文化コモンズを説明するのに適切でないことを表している。

所有・管理・用益

では、文化コモンズは、どのような観点から整理できるのだろうか。「文化は誰のもの？」という、よくある問いに表

（6）　https://www.j-cast.com/2020/07/1339057.html（二〇二一年三月二二日閲覧）

れているように、「文化」に関わる紛争が起きたときに、まずその所有を問う思考パターンが、近代人には染み込んでいる。しかし、所有にこだわり過ぎると、実態に則した現状把握や紛争解決が難しくなることもある。

井上は、所有を法律用語に限定して使用し、むしろ管理・用益の実態に着目すべきだと主張してきた。そのほうが、コモンズをより正確に把握できるからだ（井上 2001：11）[7]。文化コモンズを考える場合にも、井上に倣いつつ所有・管理・用益をわけることを提案したい。

コモンズには、「クローズドな資源」「オープンな資源」の、両極端なイメージが共存していることが、議論を混乱させる大きな要因になっている。クローズド／オープンの違いは、管理・用益の観点から整理することができる。クローズドなコモンズは、管理と用益に関わるメンバーが限られている資源をいう。反対にオープンなコモンズの場合、管理と用益が分離していて、基本的に誰でも用益を享受できる。ただし、いずれの場合も所有の形態はさまざまである。ちなみに、井上が「管理は所有のあり方と独立していると同時に、利用を包含する概念である」（井上 2001：11）といっているのは、コモンズをクローズドなものとイメージしているからであろう。

京都の祇園祭という「文化」を例にして考えてみよう。まず祇園祭を誰が所有しているのかは、あいまいである。祇園祭山鉾連合会も京都・祇園の八坂神社も、祭りそのものを所有してはいない。祭りのハイライトである山鉾巡行を管理しているのは、連合会だといえそうだ。同時に、山鉾は文化財として文化庁の管理を受けている。また、世界文化遺産としての側面はユネスコが担っている。

用益はどうだろうか？　鉾に乗って巡行する用益は管理と一体であり、限られたメンバーしか得られないので、クローズドなコモンズである。しかし、巡行を見物する用益は誰でも得られるので、この面ではオープンなコモンズだといえる。とはいえ、警察の雑踏警備があるので観客は自由には動けないし、桟敷席は有料である。このように、所有・管理・用益のどれをみるかによって、おなじ物事の違う顔がみえてくる。また用益ひとつを取っても、何に着目するかによって、クローズドにみえたりオープンにみえたりする。

だが、どうやら「文化」を含めたコモンズには、所有・管理・用益の三方面からアプローチできそうである。この論点をもう少し深めてみたい。

第一は、所有制度が管理・用益を規定するという「所有アプローチ」あるいは「制度アプローチ」である。これは、近代のもっともオーソドックスなアプローチで、「文化は誰のもの？」のように所有権を真っ先に問うことが「所有アプローチ」である。

第二は、管理が所有・用益に大きな影響を与えるという「管理アプローチ」あるいは「運用アプローチ」である。自然環境のコモンズ論で井上が提唱してきたのが、このアプローチに近い。

（7）　井上の立場に対する法学者からの批判と、それに対する反論については、（池田 2006：5-18）（井上 2008：198-199）を参照。

ウィキペディアは、「管理アプローチ」に立って観察するのが適している。投稿内容の管理方法が巨大な用益を生み出し、プロジェクトの成長に応じて個人から財団へと、その所有が変化してきたからだ。

第三は、用益が所有・管理の実態を決めるという「用益アプローチ」あるいは「実態アプローチ」である。たとえば、放送済みのテレビ番組をみることに用益があれば、番組を勝手にデジタル化してネットに流すひとが現れて、ある種の管理実態ができてしまう。番組には所有権があるが、違法にネットを流れる映像には、そんなものはないに等しい実態が生まれてしまう。文化拡散の現場でよくみられるこの種の現象は、「用益アプローチ」に立てば把握し易い。[8]

文化コモンズの定義と性質

以上のことをまとめて、筆者は文化コモンズの定義として、つぎのようなものを提案したい。

文化コモンズとは、「文化」に関わることで、私的所有が主張されないモノやコトそのもの、およびその所有・管理・用益のあり方をいう。[9]

この定義ならば、それが有体か無体か、それが資源そのものか社会システムのことなのかを問わないし、所有・管理・用益の三つの視点をも包含できそうだ。

さて、このように定義される文化コモンズは、どのような性質を持つ財なのだろうか？　コモンズ論では財の性質を、控除性と排除性のふたつの観点から整理する。先に述べたように、控除性とは「その財を使うと、ほかのひとが使えなくなる性質」のこと、排除性とは「第三者による財の利用を排除する性質」のことである。食品は食べたらなくなり、図書館の本は誰かが借りていると借りられない。したがって、これらの財の控除性は高い。一方、風景や知識は誰かが使っていたら自分が使えないものではなく、市販の本は誰かが読んでいても自分も買えば読める。したがって、これらの財の控除性は低い。もうひとつの排除性についてはどうだろうか。風景や知識、図書館の本は、誰でも利用できるので排除性は低い。しかし、市販の本や食品は、購入しないと利用できないので排除性は高い。

控除性・排除性の高低によって、財は私有財、有料・クラブ財、共同利用資源、公共財にわけられる。食品は私有財、市販の本は有料・クラブ財、図書館の本は共同利用資源、風景や知識は公共財である（図3）。オストロムはこれらのうち共同利用資源をコモンズ論の対象と考えてきた。井上は共同利用資源をルースなローカル・コモンズとし、有料・クラブ財をタイトなローカル・

（8）「所有アプローチ」「用益アプローチ」の語は、筆者らとの共同研究を経ての奥田晴樹の発案による（奥田 2008）。なお、この論点を引きつつ祭礼を分析した研究に、（武田 2019）がある。
（9）前著では「私的所有が主張されない」を「私的所有でない」としていた（山田 2010：28）。

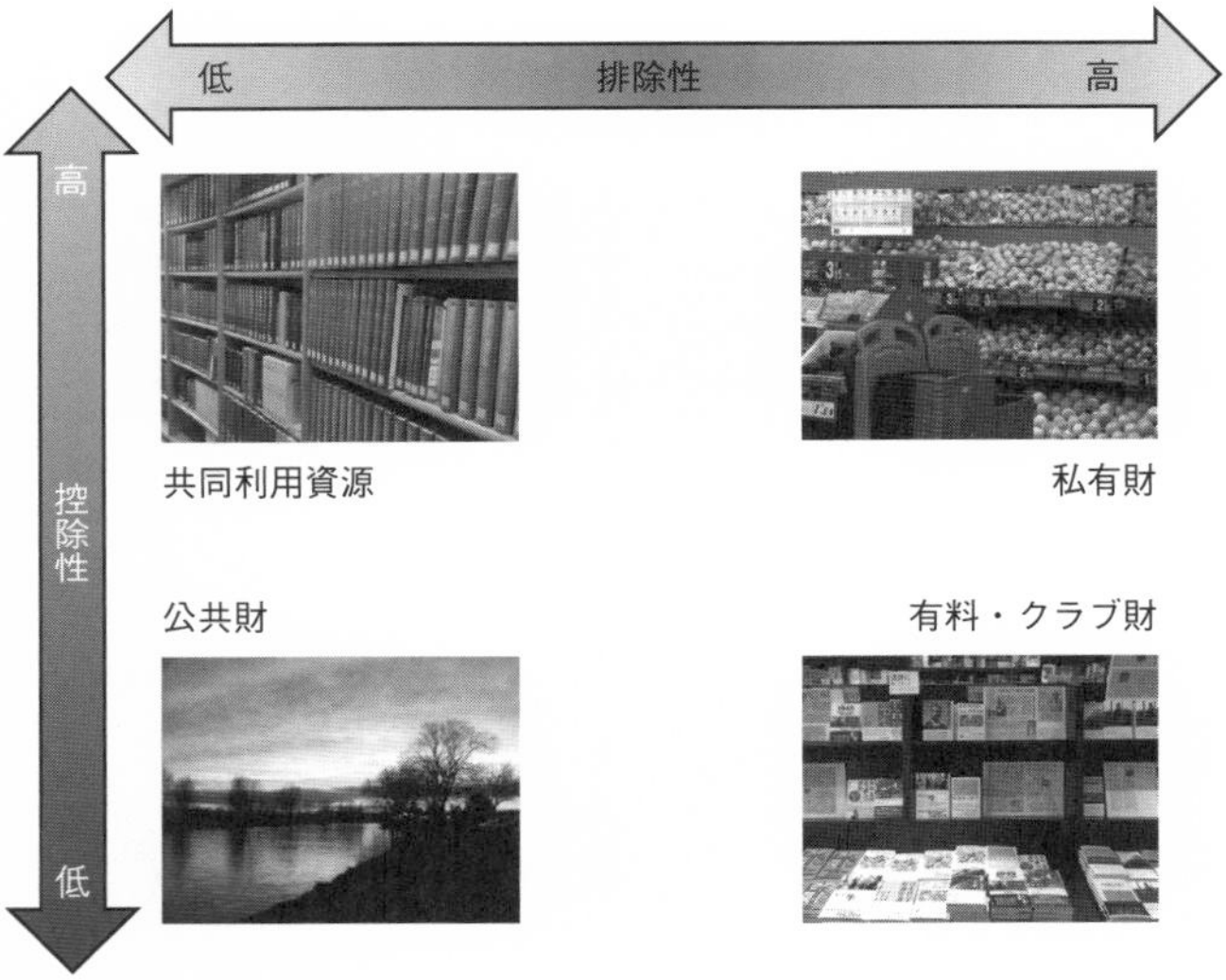

図3　財の分類

コモンズとして射程においてきた。両者に共通しているのは、公共財や私有財をコモンズ論の対象外にしたことだ[10]。

しかし、文化コモンズでは、「文化」の構成要素として知識も無視することができない。ヘスとオストロムもまた、知識が持つ性質を視野において、コモンズ論を再構築する必要性を論じている（Hess and Ostrom 2007: 7–10)。

筆者の考えでは、コモンズ論と文化コモンズ論の最大の違いは、前者は牧場や牛を管理する村人の立場、後者は牧場で草をはむ牛の立場に立つ点にある。柵に囲われた牧場（＝囲い込まれたコンテンツ）にどのように牛（＝ユーザー）を放ち、どのように乳（＝利益）を絞れば村人（＝産業）が持続的に潤うのかを考えるのがコモンズ論である。文化コモンズ論は、囲いをはずした牧場に牛を解き放ち、好きなときに好きなだけ草をはんでもらい、満足した牛からほとばしる乳を公平に分配することを考える。囲いをはずして拡散させることで効用を生み出すのが文化コモンズの理想である。

文化的な事象には、知識や表現のような無体財がたくさんある。ところが無体財の控除性は著しく低い。したがって、控除性は文化コモンズの性質を整理する尺度として有効ではない。排除性はどうだろうか？　祇園祭の例でみたように、鉾に乗ることのような管理と一体になった用益は、従来の排除性で理解できるだろう。しかし、巡行をみる用益には排除性がない。後者のように管理主体とは分離した形で財にアクセスし、用益が得られるかどうかは、「アクセス可能性」(accessibility) と呼んで、管理と一体の排除性から分離することができよう。

ＹｏｕＴｕｂｅやＴｉｋＴｏｋなどの、ネット上のプラットフォーム事業のことを考えてみよう。個々のプラットフォームは企業によって所有され、利用ルールによって管理されている。また広告収入などの形で、企業に用益がある。プラットフォーム自体は私的所有なので、文化コモンズとはいえない。しかし、それらには高いアクセス可能性があり、自分の映像作品を世界に公開することによって得られる満足感、そして多様な作品を無料でみることができる用益がユーザーにはある。とりわけＹｏｕＴｕｂｅでは、閲覧数に応じて投稿者に収益がもたらされる用益

(10)　筆者らとの共同研究を経て、井上はコモンズ論の射程を広げる可能性に言及している（井上 2010）。

もある。ネットメディアで有名になり、他の仕事が舞い込むこともある。

これらのプラットフォームそのものは文化コモンズではないが、それが私的所有であることをユーザーは意識しないまま、アクセスからの用益を得られる。その点でこれらは文化コモンズだといえる。ちょうど図1の総有地にあたる部分が企業が所有するプラットフォームであり、その上にユーザーが自分のコンテンツを個人有地のように持っている。しかも、それらの全体に誰もがアクセスできるという、多層化された構造がネット上のプラットフォームにはみられる。

秋道は、もともと誰のものでもない領域へのアクセス権の形に着目して、「オープン・アクセス」「リミテッド・エントリー」「サンクチュアリ」の三極構造があると指摘した。「オープン・アクセス」は誰でも領域に入って資源を利用できることをいう。「コモンズの悲劇」は、実は「オープン・アクセスの悲劇」のことだと秋道はいう。「リミテッド・エントリー」は資源の利用に一定の制限を加えること、「サンクチュアリ」は聖地・保護区など資源の利用も立ち入りも禁止することをいう（秋道 2016：77–83）。秋道の議論は無主の自然資源など控除性のあるものが前提でありつつも、「アクセス可能性」をさらに細分化する区分として無体物にも応用できるだろう。

文化的な事象では、「その財が特定地域との関係を絶って存立しえるか」の観点も重要である。民俗芸能や先住民芸術などは、それを生んだ地域との関係を抜きにしてみることはできない。一方、高知と北海道に起源を持ちながらもいまや全国に広がった「ＹＯＳＡＫＯＩソーラン」のように、特定の地域との関係が希薄な文化もある。そうした観点を、仮に「属地性」（locality）と呼ぶことにする。先住民芸術は属地性が高く、「ＹＯＳＡＫＯＩソーラン」は低いといえるだろう。

先住民芸術のように、属地性の高い「文化」には、神話などのその地域やそこに住むひとびとが伝えてきた物語が、必然的に覆い被さっている。したがって、属地性の高い「文化」には、往々にして不平等の解消や貧困からの脱出、利益の確保を目指した政治的な主張がついてまわる。かたや属地性が低くなった「文化」に対しては、その起源を持つ地域が囲い込もうとしても、それが認められないことがある。そうしたことの具体例をあげよう。

地域団体商標

ここで検討したいのは、いわゆる地域ブランドについてである。地域ブランドとは、「夕張メロン」「草津温泉」のように「地名＋一般名詞」で表記される、地方の産品等のことをいう。地域ブランドのコンサルタントをしている団体は、その価値についてつぎのように説明している。

地域ブランドとは、その地域の資源を活用して、地域そのものや地域の産品、観光などが高い評価や期待を得ているもののことである。地域の魅力を地域内外の人に伝えることによって、その地域の評価を上げ、「住んでみたい。観光に行きたい。商品を買いたい」といった気持ちにさせていく。それにより、その地域に人が集まり、お金も集まってくる。(11)

つまり、産品等によって地域の魅力を高め、移住者・観光客・消費者を囲い込むことが地域ブランドの戦略である。これに注目が集まっているのは、二〇〇五年に商標法が改正され、「地域名＋商品（サービス）名」を商標として登録できる、地域団体商標制度がはじまったからだ。これによってブランド名へのただ乗りを抑制して品質を維持し、商品やサービスへの信用を高めることができる。

地域団体商標に登録するためには、矛盾をはらんだいくつかの条件をクリアしなければならない。[12]まず、地域に根ざした団体の出願でなければならない。つまり、農協や漁協、商工会など、実績のある既存の団体が有利となる。地域ブランド的なものとしてある程度の広がりのある産品であっても、団体を構成していない個人や会社が出願することはできない。つぎに、その商標は当該団体の構成員に使用させるものとなる。おなじ産品を長く製造してきた者であっても、団体に属していなければ、その商標を使うことができなくなる。

そして最も難しい条件は、「一定の地理的範囲の需要者間である程度有名であること」であると同時に、商標全体が普通名称になっていないことだ。その産品がすでに全国に広がっていて属地性が低いと、地域団体商標に認定されないことがある。特定のエリアでは有名でなければならないが、全国的に有名すぎるとだめなのだ。

地域団体商標には、二〇二一年三月時点で全国で累計七一四件が登録されている。多いのは農業・水産業の第一次産品、伝統工芸品、温泉である。リストを眺めると、商標申請者の団体のまとまりが強い分野に、ほぼ限られている。

法的保護のない地域ブランドとは違って、地域団体商標を取れば、団体がその名称を排他的に使える。そのとき問題になるのが、民芸品のように地域の民衆のあいだで長く作られ、伝えられてきた産品であっても、いったん商標に登録されてしまうと、その名称は団体のものになることだ。

一例としては、二〇〇七年に登録された「飛騨のさるぼぼ」があげられよう（坂口 2009）。「さるぼぼ」は安産や子の成長を願うお守りとして、飛騨地方に伝えられてきた。近年は主に土産物として販売されていて、商品としての性格が強くなっている。地元の製造業者としては、外国で安価に作られたものを含む類似品が出回ることを、なんとか阻止したい。そのために、地域団体商標に登録した。しかし、団体に属さない地元業者が、飛騨の伝統に根ざした商品として「さるぼぼ」を作ったとしても、それを「飛騨のさるぼぼ」として売ることはもうできない。

商標で名称を独占できるといっても、互いにまぎらわしい名称がどちらも地域団体商標になっているものもある。奄美市にある本場奄美大島紬協同組合が先に登録した「本場奄美大島紬」と、

(11) http://www.tiiki.jp/corp_new/column/saizensen/saizensen01.html（二〇二一年三月二二日閲覧）
(12) https://www.jpo.go.jp/system/trademark/gaiyo/chidan/t_dantai_syouhyo.html（二〇二一年三月二二日閲覧）

鹿児島市にある本場大島紬織物協同組合が登録した「本場大島紬」である。大島紬は奄美諸島地域に古くからある織物だが、一八七四年に奄美から鹿児島市内に製法が伝えられ、今日までそこで本格的な大島紬が作られている(上野、立川 2003)。なお、大島紬は宮崎県都城市でも生産されている。こうした歴史的な産地の多重性から、類似した商標の登録が認められる結果になったものと思われる。しかし、「地域名+商品(サービス)名」を登録する原則からすると、両者ともにネーミングに違和感がぬぐえない。

また、自然資源のコモンズから得られた産品の場合、特有の問題が生じることもある。たとえば、大分県漁協が登録した「関さば」「関あじ」である。それらを名乗ることができるのは、大分県の佐賀関漁港に水揚げされた魚だけだ。ところが、おなじ漁場で採れるサバ・アジでも、豊予海峡の対岸にある愛媛県伊方町で水揚げされたものは、「関さば」「関あじ」ではない。こちらは「岬《はな》さば」「岬あじ」として地域ブランド化されているが、二〇二〇年時点で地域団体商標は取っていない。ネットの評判では、両者の味と品質はおなじだというひとも、関のほうがやや上というひともいる。いずれにしても、大きな違いはない産品の一方に法的な保護のある名称がつき、他方にはない。

地域団体商標の登録を目指してかなわなかった例をみれば、文化コモンズを囲い込む欲望がみて取れる。「地域名+商品(サービス)名」の形式を取っていても、サツマイモや伊勢エビは普通名称であり、鹿児島と三重を離れて全国に広がっているので、それらは登録できない。

香川県のさぬきうどん協同組合は、「讃岐うどん」を地域団体商標に登録したいと考えている。しかし、「讃岐うどん」はすでに全国で生産されており、登録される見込みが薄いため出願にはいたっていない。質が低いかもしれないうどんに「讃岐」のイメージをつけることを、何とかやめさせたいとの思いが、組合にはある。地元にとっては納得のいかないことかもしれないが、「讃岐うどん」が有名になったのは、全国展開しているチェーン店の功績でもある。組合はその名称を本場さぬきうどん協同組合に変更し、二〇一一年に「本場さぬきうどん」の名称とロゴマークを、まずは通常の商標として登録した。将来的にはそれを地域団体商標にすることを目指している。

「讃岐うどん」は生産が全国に広がった例であるが、生産地が限定されていても登録にいたらなかったものがある。埼玉県の「深谷ネギ」は登録を目指したものの、農協に入っていない農家も多く出荷しているため、地元をまとめ切れなかったとされる（朝日新聞 2006）。また、八丁味噌を作りつづけてきた岡崎市の二社は、それらの子会社を含めた四社で八丁味噌協同組合を作り、「八丁味噌」の登録を申請した。ところが、愛知県全域で作られている「八丁味噌」の名称を、実質的に二社で独占するのはおかしいと、愛知県味噌溜醤油工業協同組合も「愛知八丁味噌」を申請した。結果的にはどちらも登録されなかった。

地理的表示保護制度

このように、地域団体商標には矛盾と混乱がみられる。そこへもって、それに輪をかけるような別の施策もある。二〇一四年に成立した「特定農林水産物等の名称の保護に関する法律」(地理的表示法)にもとづく「地理的表示保護制度」(以後、GI)である。GIとは、「農林水産物・食品等の名称であって、その名称から当該産品の産地を特定でき、産品の品質等の確立した特性が当該産地と結びついているということを特定できるもの[13]」をいう。

地域団体商標とGIは、とてもよく似ている。違いをあげるならば、GIは農林水産物に特化した制度であり、認められた産品にはGIマークがつき行政が品質を保証すること、事業協同組合ではなく生産行程管理業務を担う生産者団体が出願すること、産品そのものだけでなくその製法も問われること、類似品を行政が取り締まることなどである。あられもないことをいうならば、地域団体商標は特許庁、GIは農水省の縄張りである。

GIとして登録されているのは、「神戸ビーフ」「夕張メロン」「三輪素麵」など、二〇二〇年時点で九九件である。福岡県の「八女茶」のように、地域団体商標とGIをともに取ることもできる[14]。一方で、商標を持っていない生産者団体がGIとしてその名称を使うことを、誰も阻止できない問題もある(眞壽田 2016：18–20)。先ほどの「八丁味噌」については、愛知県味噌溜醤油工業協同組合からの申請が、二〇一七年にGIとして登録された。そのことに対して、実質的には岡崎市の二社からなる八丁味噌協同組合側が抗議をしている[15]。

ＧＩは二〇一九年に発効した日・ＥＵ経済連携協定によって、国際的にも保護されている。「三輪素麺」「八丁味噌」などはＥＵでも保護される。逆にＥＵ側のＧＩ、とくにチーズが日本で保護されるようになり、一時は日本のメーカーの商品が「パルメザンチーズ」を名乗れなくなるのではとの心配もあった。その点は、ＧＩとなる表記を厳密にすることで解消された。「パルメザンチーズ」の場合、正式名称の「パルミジャーノ・レッジャーノ」や、それと誤解される「パルメザンチーズ～Ａｕｔｈｅｎｔｉｃ Ｉｔａｌｉａｎ～」は使えないが、日本で流通している「パルメザンチーズ」は別物ということで認められた。同様に「カマンベール・ド・ノルマンディ」はＥＵのＧＩとして保護されるが、「カマンベール」自体は普通名称とされたので、「〇〇県産カマンベール」「カマンベール風チーズ」を名乗ることは問題ない。だが「ノルマンディ風カマンベール」は「カマンベール・ド・ノルマンディ」と誤認されるので不可である。[16]

（13）https://gi-act.maff.go.jp/outline.html（二〇二一年三月二二日閲覧）
（14）ＧＩには「八女伝統本玉露」が登録されている。
（15）https://www.hatcho.jp/GI_problem.html（二〇二一年三月二二日閲覧）
（16）https://www.maff.go.jp/j/shokusan/gi_act/designation2/attach/pdf/index-16.pdf（二〇二一年三月二二日閲覧）

脱コモンズ化

以上にみてきた例を文化コモンズの観点から検討してみたい。地名も一般名詞としての商品（サービス）名も、誰のものでもない文化コモンズである。ところが、それらが組み合わされると、その産品は属地性の高い文化コモンズになる。大きな文化コモンズから小さな文化コモンズが入れ子状にできあがる。それが排除性の比較的低い地域ブランドである。

しかし、特定の団体がその名称を地域団体商標かＧＩに登録し、団体の所有が認められたならば、それはもう文化コモンズではなくなる。筆者の定義では、私的所有であることに加えて用益が閉じられたものは文化コモンズではないからだ。

こうしたことは、文化コモンズの脱コモンズ化といえよう。先述した所有・管理・用益の三つの観点からこれを考えてみよう。地域団体商標やＧＩは、文化コモンズを法的な所有制度に落とし込んで脱コモンズ化して管理し、用益を独占するものである。地域団体商標やＧＩに登録される以前の地域ブランドの場合、それは管理されてはいるが所有されておらず、ブランドとしての用益を生む文化コモンズに留まっているといえる。地域団体商標になれなかった「讃岐うどん」の場合はうどんの全国チェーンに、「深谷ネギ」の場合は農協に入っていない農家に、すでに多大な用益が生じている。それによって、特定の団体が所有し管理することが妨げられ、脱コモンズ化を逃れている。

一方で、いったんＧＩになったものを取り下げた例もある。愛知県の「西尾の抹茶」の場合は、

ＧＩに登録した製法ではコストがかかるため、流通面でのメリットがなかったのだ。これは脱コモンズ化からの揺り戻しといえよう。

しかし、地域ブランドには、将来的に地域団体商標やＧＩの取得を目指しているものが少なく、それ自体は脱コモンズ化の方を向いている。法的な所有制度の整備が文化コモンズを解体するのは、明治民法の土地所有権がコモンズを壊していったのと似ている。

このように、文化コモンズは脱コモンズ化の圧力にさらされている。文化コモンズは、その所有・管理の主体が「脱コモンズ」を志向することに対して弱さがある。そうした脆弱性をなくすためには、「文化」の意味とありように立ち返りつつ、それをコモンズに留めおくことの価値に、理解を深めなければならない。

だが、実のところは、文化コモンズと脱コモンズ化のせめぎ合いは、近代著作権制度のはじまりの頃からある。次章ではそのことを詳しくみていく。

第八章　「海賊版」からオープンアクセスへ

もしこの世界に人類に共有されるべきものがあるとすれば、科学と学問こそが公共のものであり、それらは空気や水のように自由で普遍的であるべきだ。科学と学問は、高貴な才能と莫大な利益を独占しようとする輩とともに、それを生み出したものをも忘れ去る。（一七七四年二月二二日、「ドナルドソン対ベケット裁判」での元大法官・カムデン卿のスピーチ（*The Cases* 1774: 53））

「海賊版」・国境・メディア技術

「海賊版」には、文化コモンズとしての顔もある。

現代文化を形作る情報財は、その多くがデジタル形式で存在する。その事実だけでも、活版印刷術の時代に礎が作られた著作権法を作り替える必要性の説明として十分であろう。著作権法の「発明」は、「海賊版」に対するカウンターとしての脱コモンズ化であった。ところが、その「海賊版」は、知識や文化を伝達するインフラのひとつとして機能してきた。

現代では、その力はインターネットによって格段に強まり、知識や「文化」のあり方を変えた。

オープンアクセス（ＯＡ）は、学術知へのフリーなアクセスを推進するもので、知識の流通を変える先端的な運動である。近代のはじめ、あるいはそれ以前からある「海賊版」とＯＡとを、社会史・文化史的な連続性のなかで考えてみるのは、案外意味があるように思う。

筆者は、ここでは「海賊版」の語を括弧に入れて解釈を留保して使うことにする。「海賊版」という表現には、ネガティブなニュアンスがあり、政治的な意図を持つレッテルとして使われているからだ。

「海賊版」には狭義と広義の定義が可能だ。狭義の「海賊版」とは、国内法あるいは国際法に違反して製造し流通しているコンテンツのことをいう。ここでいうコンテンツとは、紙やＣＤ、ＤＶＤ、ブルーレイ、インターネットといった流通メディアから切り離されても存在する「表現されたもの」をいう。当然それは著作権法による保護の対象となり、それがために情報財としての価値を持つ。

ポピュラー音楽学者の増田聡によると、コンテンツ概念はデジタル技術の進歩ともあいまって、一九九〇年代なかばに著作権が産業政策に組み入れられていくなかで、従来の文化的生産物というカテゴリーを回収しながら成立したものである。その過程は「文化の商品化」と軌を一にし、「作品の模倣」を「コンテンツという財の収奪」に変換する機能をもはたしている（増田 2010：99–102）。

広義の「海賊版」は、厳密には法令違反がない模倣・複製行為もが対象になる。既得権益者や著作権強化にシンパシーを持つ者、あるいは模倣・複製行為は絶対悪だと攻撃する者などが、模倣・複製品に貼る負のレッテルとして、広義の「海賊版」は使われている。この場合は、法令違反の有無は問われない。完全に合法な模倣・複製行為であっても、それに汚名を着せるために使われる語が、広義の「海賊版」である。

日本での例をあげるならば、著作権の切れた本を国立国会図書館がネット公開したところ、ある出版社がそれを「デジタル海賊版」だと抗議した。国会図書館側は法的な正当性がない主張を受け入れない方針をとりながらも、出版社への一定の配慮も示した対応を取った（国立国会図書館 2014）。一般論として、たとえ違法でなくとも、作品を生み出した労苦にただ乗りして模倣・複製品を作ることに、道義的な問題が生じることもある。法律ではなく道義を問題にする場合の「海賊版」も、広義の用法といえる。

国際的な文脈でより具体的な例をあげてみよう。著作権についての国際条約に、ベルヌ条約やＷＴＯのＴＲＩＰｓ協定などがある。これらに加盟したい国は、著作権法を整備しなければならず、自国のものだけでなく他の加盟国の著作物も保護しなければならない。したがって、これら国際条約に入っていない国では、外国の著作物は保護されない。つまり、無断でコピーを販売しても違法ではない。

国際条約によって日本の著作物が保護されるようになったのは、中国本土と香港は一九九二年から、韓国は一九九五年から、台湾は二〇〇四年からである。したがって、二〇〇三年まで台湾で許諾なく流通していた日本製コンテンツは合法的といえる。ちなみに、北朝鮮では日本の著作物は保護されていない。同様に、彼の国の著作物を日本国内で許諾なく販売しても違法ではない（二〇一一年一二月八日　最高裁第一小法廷判決）。

さらに例をあげるならば、本土復帰前の沖縄の著作権である。明治政府の琉球同化政策の流れで、一八九九年の旧著作権法はそのまま琉球にも適用された。終戦後は一九四五年四月一日時点の法令がそのまま琉球に残されることになった。一九六一年に琉球立法院は沖縄の著作権法を改正し、条約の有無にかかわらず「非琉球人」の著作物を一方的に保護する片務的なものにした。外国の著作物を保護することで文化の導入を容易にすることがその目的であった。とはいえ、外国の文化を導入するためには、保護などせず「海賊版」を野放しにしたほうが、はるかに手っ取り早い。しかし、琉球政府はそこに介入することを、おそらく支配者たるアメリカから命じられたのだろう。

その結果、当時の沖縄の「海賊版」は、本土よりも広範囲なものになった。一九七〇年の現行著作権法への改正は、沖縄には適用されなかった。それが解消されたのは、一九七二年の本土復帰のときだった。ところが、それまで沖縄で有効だった旧著作権法の規定によって、宮澤賢治（一八九六 - 一九三三）や梶井基次郎（一九〇一 - 三二）の著作権は、本土では保護されていたが沖縄では切れていた。それら沖縄ですでにパブリック・ドメイン（ＰＤ）になっていた作品を、「情を知って」本土で頒布する行為は、本土復帰にともなう法律で禁止された。沖縄のＰＤ版が本土では「海賊版」になるという、おなじ国内ですら姿を変える「海賊版」の複雑な様相を味わいたい。

以上のようなことを眺めてみると、「海賊版」の定義には法律のあり方だけでなく、国家の領域がどのように確定されているか、そしてそれを飛び越える情報の流れに国家権力がどれだけ介入する意志を持つかも大きな影響を与えることがわかる。

「海賊版」の「発展」がテクノロジー、なかんずく複製・頒布技術の変化と密接に関わっていることは、繰り返すまでもないだろう。複製技術に着目するならば、欧州ではグーテンベルクの活版印刷術が出版産業を興すとともに「海賊版」をも生んだ。書写による複製しかなかった時代から「海賊版」はあったのだろうが、手書きでは大量複製ができないため、それが問題化することはなかった。日本でも、江戸時代に出版産業が隆盛し木版印刷が盛んになってから、偽板の問題を業界で争うようになった。

頒布技術の観点からはどうだろうか。欧州の場合は、地中海・北海の海上輸送や陸上の馬車輸送網が一八世紀の出版文化隆盛時に本の頒布を手伝った。日本でも徳川幕府が整えた街道網を書籍が行き来した。しかし、馬車のような大量・高速輸送手段は幕府が禁止したので、江戸と上方でそれぞれの出版文化が栄えた。その結果、東と西とで互いの「海賊版」を出し合うことにもなった。

レコード・写真・映画と、新しいテクノロジーが登場するたびに、それぞれの「海賊版」が登場したこともいうまでもない。しかし、大規模な複製機器を持ち流通手段を支配できたのは、メディア資本だけだった。

そうした状況を一気にくつがえしたのが、パーソナル・コンピュータ（ＰＣ）の高性能化と普及、そしてインターネットの登場とその商業利用だった。ネットワーク機能を強化したマイクロソフト社の基本ソフト、Ｗｉｎｄｏｗｓ95が登場した一九九五年が転換点だったことも、万人が認めるところだろう。それ以後のＰＣは、文書・写真・音楽・動画などのハンドリング性能を飛躍的に高め、「海賊版」の製造・コピー・頒布のできる機器を個人が所有する時代になった。二〇〇七年にｉＰｈｏｎｅが登場し、スマートフォンの普及に拍車がかかってからは、「海賊版」のコピー・頒布能力のあるデバイスを個人が持ち歩く時代を迎えた。

いまや個人がいつでも・どこでも「海賊版」にアクセスし、それをコピーして頒布できる。同時にネットの世界では「海賊版」と非「海賊版」が渾然としていて、よほど著作権に関心があり注意深いユーザーでないと、両者を間違いなく区別することなどできない。

そのような時代の「海賊版」は、現代の著作権制度が発祥した一八世紀のそれとは異なる性質がある。すなわち、ユーザー参加型の「海賊版」の登場である。「海賊版」がある意味で社会のマジョリティーになり、現代のネット上の著作物流通に「違法なもの」がはびこる事態になったことが、著作権制度の「ほころび」と理解されるのも自然なことだろう。

「海賊版」の役割と論理

「海賊版」は、権利者が得るべき正当な利益を奪う「悪」とされることが多い。だがそれには、「文化」に貢献する積極的な役割もある。その第一は国境をまたぐ文化伝達、第二は市場の創生、第三は啓蒙である。

第一の文化伝達の役割から検討しよう。筆者が調べた範囲でいえば、一八世紀前半のスコットランドでは、イングランドのほかパリやアムステルダムで出版された本の「海賊版」が売られていた(山田 2007：12-14)。その頃には、世界最初の近代コピーライト法とされるイングランドの「アン法」(一七〇九年成立)がすでにあった。しかし、国際間の著作権条約などはまだなく、「アン法」はスコットランドには適用されなかった。したがって、これらの「海賊版」はスコットランド域内では違法ではなかった。スコットランドの国家財政は極貧で、学術・文化の面でイングランドに大きく遅れをとっていた。イングランドの文芸は主に「海賊版」で伝達されていた。ロンドンの書店主らは、市場規模の小さいスコットランドでの「海賊版」に、目くじらを立てたりはしなかったようだ。

近代的な著作権制度ができるまえの日本でも、海外の知識移入に「海賊版」は決定的な役割をはたした。たとえば一三世紀末から一四世紀に京都五山で開版された五山版と呼ばれる禅籍は、宋・元の版本の「海賊版」だった。江戸時代の漢学では、和刻本と呼ばれる「海賊版」で学ぶことが主流になった。高価な輸入版では知識層の需要を満たすことができかったからだ。これら日本で流通し残存している幾多の「海賊版」は、本家の中国では失われてしまった貴重な典籍の「バックアップ」になっている（周 2012）。数百年のタイムスパンでみれば、「海賊版」には文化保存の役割もあるのだ。

「海賊版」のこうした文化伝達力は、第二の役割である市場創生にもつながる。現代の日本文化にまつわる国際的な「海賊版」といえば、何といってもマンガ・アニメのそれだろう。出版社がたいしたプロモーション活動をしなかった東・東南アジアの国々で、日本のマンガ・アニメは二〇世紀末までに子ども文化として定着した。それは「海賊版」に負うところが大きい。日本の大衆文化が国策で禁じられていた韓国では、「海賊版」がマンガ・アニメを伝えた。アメリカにおいてすら、大学等のアニメクラブがやっていた違法コピーや、ファンが勝手に翻訳する「スキャンレーション」「ファンサブ」活動が日本のマンガ・アニメ市場を創り、翻訳能力の高いファンを育てた。

アニメの正規版の翻訳業務に「ファンサブ」経験者が雇われた実態もある。日本マンガを吸収した各国の若い作家が、現地のマンガ表現とのハイブリッド・スタイルを生み出している。このように「海賊版」には、国家の規制を越えて文化を伝え、市場を創生し、次世代の製作者を育てる、権利者にとってもありがたい側面があるのだ。「海賊版」は権利者と正規版からなる「表の世界」を補完し、それを組み替えるヘゲモニーなのだ。

「海賊版」の第三の役割としての啓蒙を考えてみよう。一八世紀のイギリスでは、出版産業が啓蒙思想の普及に大きな役割をはたし、「海賊版」がそれを力強く下支えした。スコットランドでは、作家や学者の卵がエディンバラやグラスゴーで売られていた安価な「海賊版」で知識を得た。実際、一八世紀のスコットランド・ルネッサンスを彩る人物たちが、「海賊版」出版社とのつながりを持っていった。最初の近代英語辞典の編者として知られるサミュエル・ジョンソンの友人で、『サミュエル・ジョンソン伝』（一七九一）の著者のボズウェルにいたっては、「海賊版」をめぐる裁判で〈海賊〉側の弁護人を務めたほどだった（山田 2007：85）。

啓蒙と「海賊版」のつながりは、明治前後の日本にもみられる。福澤諭吉の啓蒙書『西洋事情』が出たとき、膳所《ぜぜ》藩士の黒田行次郎（一八二七－九二）はその「海賊版」を京都で出版した。それに怒った福澤は官憲に取り締まりを訴えた（山田 2002：122）。黒田の「海賊版」は、福澤が得るべき利益を奪ったのは確かだが、それによって江戸から離れた京都に福澤の啓蒙思想をいち早く伝えたのも事実だろう。

では、当の「海賊」たちは、どのような意識で「海賊版」を出していたのだろうか。一八世紀のイギリスで繰り広げられた「ドナルドソン対ベケット裁判」は、「海賊版」をめぐる闘争が善悪の二分法で語れないことを示している。エディンバラの出版者アレクサンダー・ドナルドソン（一七二七－九四）は、当時の法律でコピーライトの切れた本のリプリントをロンドンで安く売りさばいた。本の権利者だったロンドンの独占的出版者らは、コピーライトは慣習法にもとづく永久の権利だと主張して、ドナルドソン版を「海賊版」だと訴えた。裁判は当時の最高裁判所にあたる貴族院まで争われ、その結果、「海賊」側が勝利した。コピーライトは期限つきという現在までつづく原則が、このとき確立された。この裁判で「海賊」の勝利を決定づけたのが、本章の冒頭に引用した元大法官のカムデン卿（一七一四 - 九四）の貴族院での演説だった。

このカムデン卿の理想を、デジタル環境で実現しつつあるのがOAである。そういう意味でOAは、一八世紀以後の「海賊版」の延長上に位置している。

一八世紀のスコットランドやアイルランド、そして一九世紀のアメリカがそうであったように、ロンドンの先端的な文化は「海賊版」で移入された。そうした経験は、日本にもある。幕末の不平等条約撤廃の交換条件のひとつとして、ベルヌ条約への加盟と西欧に倣った著作権法の制定を余儀なくされたとき、国内の出版社や文化人が反対の論陣を張った。たとえば一八九七年の雑誌『太陽』をみると、ベルヌ条約によって外国文学の自由翻訳ができなくなることで、「勃々として外国文学を輸入せんとしたる我が文壇は一種の版権畏怖症に罹りて、其盛運は忽にして縮収せん」（山田 2002：141-142）とある。

ほとんどの日本人は外国文学を原語で読むことができなかった。かといって、ロンドンやモスクワの版元が日本語版を出してくれるはずもない。日本人が自力で邦訳を出したとして、それで外国の版元に直接的な損害が出るわけではない。著作権法を作ることは文壇の萎縮を招く。自助努力的な翻訳出版もできなくては、日本文学の発展もない。そうしたことを『太陽』は主張している。

貧しい国が外国の先進的な知識から学ぶためには、「海賊版」は不可欠である。そうした事情は、戦後から一九七〇年代くらいまでの日本の学術界も同様だった。一ドル三六〇円の時代、外国の出版物は高すぎて若い研究者や学生には手が届かなかった。彼らが頼っていたのが「海賊版」だった。当時を知る研究者らが、大学の研究室で原書を「海賊版」で輪読したことを回想した文章が散見できる。しかし、「海賊版」を購入していたことは、世間的には「黒歴史」とされるため、まだ存命中かもしれない学者の回想をここに引用することははばかられる。ひとつだけ引用するならば、分子生物学者で東京大学教授だった江橋節郎（一九二二－二〇〇六）は、「私の「その後」を決めたのは、ビタミンC発見でノーベル賞をとったセント＝ジェルジの『筋収縮の科学《ママ》』の海賊版だった」（江橋 1996）と証言している。

筆者の記憶を振り返ってみても、一九八〇年代前半の大学の研究室には、外国語の原書の「海賊版」がごくふつうに置かれてあったし、学生はそれをコピーして勉強したものだった。今日でも、中国やベトナムの大学前の小さな書店やコピー店で、英語の学術書の「海賊版」が堂々と売られている。いや、先進国のアメリカにおいてすら、名門大学の学生が一冊まるごとのコピー本を広げてカフェで勉強しているところを、いまでもごくふつうにみかける。「海賊版」は変わらず「必要悪」であり、そうして勉強した学生がやがて何かを生産すれば、長期的には社会全体の厚生は上がる。必要な情報がそれを必要とするひとに届かない「市場の失敗」を、「海賊版」がカバーしているのだ。

オープンアクセスとは

さて、いよいよ現代のOAに話題を移そう。OA運動の直接的なきっかけは、海外の学術雑誌の価格が上がりつづけることに対する主に図書館の反発だった。出版社の買収によって、紙媒体の学術雑誌の寡占が進んだ。それにともなって価格がじわじわと釣り上げられていく一方で、研究競争に参加するためには、学術機関は雑誌を買いつづけなければならなくなった。

学術雑誌の高騰は、研究者にとっても死活問題である。筆者自身の例を紹介しておこう。イギリスの大学出版が出す学術誌に投稿した論文が、二〇一七年に掲載された。紙媒体としては販売されず、個々の論文をサイトで販売する形での「掲載」である。現在では、学術論文のこのような電子出版はよくある。筆者の二六頁ある論文のPDFは、二〇ポンドで販売されている。その論文一本を読むことに三〇〇〇円近い値打ちがあるとは、とても思えない。もちろん、いくら売れても筆者のもとには一ペンスも入らない。ほとんどの学術誌は、著者から安からぬ投稿料を取ることはあっても、販売利益は還元されない。しいていえば、著名な学術誌に論文が載ること自体が利益だともいえる。学術誌を定期購読せずに、その論文だけを正規に読みたい研究者は、二〇ポンドを支払わなくてはならない。決して安い金額ではないため、論文を読むことを諦めるか、どうしても読みたければ、ほかに入手方法はないのかと考えるだろう。それは、著者にとっても読者にとっても不幸なことである。

日本の出版社が刊行する文系の学術的な商業雑誌の場合は、著者に対して多額ではないが原稿料が支払われることが少なくない。ピアレビューのない雑誌も多いため、それらを「論文」と呼ぶことに、理系の研究者は拒絶反応をみせる。文／理のカルチャーギャップである。また、出版社にとってそれは大事な商品なので、早期にOA化することには不安がある。

話をもとに戻そう。一九九〇年代後半に生まれた電子ジャーナルは、雑誌購読費を削減する切り札になるのではと一時は期待された。しかし実際には、電子ジャーナルを購読するためには、紙媒体を購入したうえで追加の費用を払わなければならない契約を、海外の出版社は図書館に強いた。その後、追加的な費用を負担すれば、当該出版社の電子ジャーナルすべてを購読できる包括契約が主流になった。だがその契約中で図書館は、毎年五％程度も購読料が上昇しつづける条件をのまされた。(1) それでも、円高が進行しているあいだは、毎年購読料が上がっても日本では大きな問題にはならなかった。ところが、二〇一二年に第二次安倍政権が誕生し、外国為替相場が円安に誘導されたことで、予算オーバーにより包括契約を維持できない図書館があらわれはじめた。そんな状況のなかで、日本でもOAへの関心が一気に高まっていった（時実 2014）。

OAの定義は、「デジタルであり、オンラインであり、無料であり、そしてほとんどのコピーライトやライセンスの制限から自由である書き物」（Suber 2012: 4）である。旧来の商業出版は購読者＝情報の受益者が出版費用を負担するビジネスモデルなのに対して、OAでは著者や学術機関、

（1）購読料の高騰を受けて、独占的な学術出版社との契約を打ち切る研究機関が二〇一八年頃から現れた。

その他の購読者ではない者が費用を負担する。そこには、読者＝受益者を費用負担から解放することで、知識が社会に広く普及し、それによってさらなるイノベーションが生まれるだろうとの目論見がある。

ＯＡは費用負担のあり方の観点から、グリーンＯＡとゴールドＯＡとに分類できる。典型的なグリーンＯＡは、商業的な出版物に掲載された論文の著者最終版などを、出版後、半年から一年の公開制限期間（エンバーゴ期間）を経て、著者自らがネット公開するものである。同時に、他のいかなる媒体にも公表していない論文を、グリーンＯＡで「出版」することも妨げない。

日本では、大学が発行する紀要論文の機関リポジトリへの登録が進んでいる。機関リポジトリのうち論文の本文を登録してあるものは、グリーンＯＡそのものである。理工系では紀要論文への評価は極めて低いが、人文系では重要な論文でも紀要に掲載されている。そのおかげで、日本でのグリーンＯＡは、理工系よりも人文系が先行している。

ゴールドＯＡは、主に出版社などが商業ベースで営むＯＡで、出版費用を著者や研究助成機関などが負担する。電子ジャーナルを手掛ける出版社は、このゴールドＯＡ方式に着目し、積極的にビジネス展開をはじめている。一方で、業績を増やしたい研究者側の事情につけ込んで、まともな査読をせずに投稿論文をつぎつぎと採録して著者から掲載料をせしめる「ハゲタカ・ジャーナル」が、数多く創刊されている。

たんに価格をゼロにしただけのＯＡをグラティスＯＡ、それに加えて権利の一部を放棄し、あるいは許諾をあらかじめ与えているものをリブレOAと呼ぶこともある（Suber 2012: 65-66）。リブレOAを支える枠組みとして利用されているのが、クリエイティブ・コモンズ・ライセンス（CCライセンス）である。これは重要な仕組みなので、少し紹介しておこう。

CCライセンスは、コンピュータ分野のフリーソフトウェアで一般的になっていたGNUライセンス(2)を応用したものである。CCライセンスは、作品のクレジット表示を義務づける「表示＝BY」、営利目的での利用を禁ずる「非営利＝NC」、もとの作品の改変を禁ずる「改変禁止＝ND」、そして派生作品をもとの作品とおなじライセンスで公開することを義務づける「継承＝SA」の四つの条件からなり、これらの組み合わせからなる六種類のライセンスが用いられる。たとえば、「クレジットさえ表示してもらえたら、商業利用も改変も無許諾で可、ライセンスの継承は不要」の場合は「CC－BY」ライセンスを、「クレジットを表示してほしい、商業利用は困る、改変はしてほしくないがライセンスを継承してもらわなくてもよい」場合は「CC－BY－NC－ND」を選ぶ。BY・NC・ND・SAの組み合わせからなる六種類のライセンスのほかに、作品を無条件で提供する場合の「CC0」ライセンスも用意されている。なお、「CC0」とPDとは厳密にいえば別のものである。「CC0」は権利が存続する作品について、権利者が無条件での利用を許すものである。一方のPDは、そもそも著作権が切れているもので、PD作品

(2) http://www.gnu.org/licenses/licenses.ja.html（二〇二一年三月二二日閲覧）

に対してCCをつけることは誰にもできない。しかし、世の中のデジタルアーカイブをみると、平面のPD作品を撮影／スキャンしただけの画像にCCがついている例は珍しくない。それはライセンスの誤用である。

CCライセンスは、写真など非テキスト分野の創作物で先行して普及した。テキスト分野では、旧来の出版ビジネスと折り合えない部分があるため普及が遅れた。しかし近年は、新進の書き手が戦略的にCCライセンスで作品を無償公開し、出版社の関心をひくためのプロモーションとして活用したり、ネットの広告収益を得たりするビジネスモデルが生まれている。日本の、特に人文系の学術界では、近年ようやくCCライセンスの「使いで」が認知されはじめている。

運動のルーツ

OA運動の思想的なルーツのひとつは、哲学者のカール・ポパー（一九〇二－九四）が唱えた「開かれた社会」にある。ロンドン・スクール・オブ・エコノミクスでポパーの生徒だった投機家・慈善事業家のジョージ・ソロスは、一九七九年にオープン・ソサエティ財団を設立し、ポパーの哲学を具現化していった。ソロスが行った慈善事業の白眉が、一九八四年にブダペストで展開した「ゼロックス・プロジェクト」である。共産党が支配していた当時のハンガリーでは、すべての複写機が当局によって厳重に管理されていた。大学でコピーを取るのにも、複写箇所の審査結果を何週間も待たなければならなかった。ソロスは合計四〇〇台のゼロックス（当時は複写機の代名詞）を保守契約つきで、ハンガリーの学術機関などに寄贈した。それによって知的職業に就いている者は、学術文献でも政治・宗教パンフレットでも何でも、当局の許可なしに自由に「海賊版」を作ることができるようになった。コピーを取ることへの検閲という、独裁政権のルールを効果的に破壊することにソロスは成功した（カウフマン 2004: 297–299）。それがハンガリーの民主化運動を陰で支えたであろうことは、十分想像できる。

二〇〇二年にはソロスの財団がスポンサーになって、高まりつつあったＯＡ運動の関係者が、かつての「ゼロックス・プロジェクト」の地・ブダペストに集った。そこで出された「ブダペスト・オープンアクセス・イニシアティブ」（ＢＯＡＩ）が、今日のＯＡ運動の基礎になっている。ＢＯＡＩによるとＯＡ論文は、「公衆に開かれたインターネット上において無料で利用可能であり、閲覧、ダウンロード、コピー、配布、印刷、検索、論文フルテキストへのリンク、インデクシングのためのクローリング、ソフトウェアへデータとして取り込み、その他合法的目的のための利用が、インターネット自体へのアクセスと不可分の障壁以外の、財政的、法的また技術的障壁なしに、誰にでも許可されること」[3]を意味する。ＢＯＡＩではそのための戦略として、セルフ・アーカイビングとＯＡジャーナルを提案している。それらがグリーンＯＡ、ゴールドＯＡとして

（3） http://www.budapestopenaccessinitiative.org/boai-10-translations/japanese-translation-1（二〇一二年三月二二日閲覧）

展開していることは、説明を要しないだろう。

このように、ＯＡ運動は思想的・財政的にポパー＝ソロスの影響を受けているのだが、そうした歴史的・哲学的な起源は、関係者のあいだでは、必ずしも認識されていないとの調査結果もある（岡部ほか 2011）。やはりＯＡ運動の原動力は、商業的な学術雑誌の電子書籍化にともなう価格高騰に対する、図書館界のレスポンスだったとみるべきだろう。そこには公共であるべき情報を自由にしたいという、ドナルドソン＝カムデンの「「海賊版」の思想」の時代からの通奏低音がある。

最初のＢＯＡＩから一〇年を経た二〇一二年には、「次の一〇年間のうちにすべての分野とすべての国において、オープンアクセスが、ピアレビューされた新規の研究成果を配布するための当然の方法となることという新たな目標を明確に設定する」[4]とする、野心的な新しい宣言が出された。そこではＣＣ‐ＢＹライセンスをＯＡの標準にするよう推奨している。二〇二一年現在、その目標はある程度は達成されているといえよう。

情報の囲い込み対オープンアクセス

ここで、いわゆる「海賊版」とＯＡの共通点と相違点を整理しておこう。共通点の第一は、両者はともに知識や情報の囲い込みに対するカウンターとして生まれたことにある。「海賊版」は、独占的なメディア産業が、ときに著作権保護期間の延長や保護範囲の拡大、罰則の強化を求め実現してきたことに対する、非権利者の抵抗として生まれた側面もある。また、独占的な市場に参入する者の戦略であったり、未開拓市場での覇権争いの一形式であったりすることも見逃せない。西洋近代におけるその起源は、強国による海洋覇権と植民地主義、貧富の拡大があきらかになっていた一八世紀に求めることができる。国家に属さない洋上で独自の「経済活動」をした、本来の意味での「海賊」の全盛時とおよそ同時期の、互いに呼応しあった現象であった。

ここから第二の共通点が導かれる。それは「海賊版」もＯＡも、時代の社会・経済秩序の写し鏡になっている点である。ＯＡ運動は、エルゼビア、シュプリンガー、ワイリーの、学術出版界の三大多国籍企業への抵抗が原動力だといって差し支えない。二一世紀にあらゆる分野で進行したグローバリズムが学術出版界に起こしたひずみが、ＯＡ運動にはあきらかにみてとれる。ＯＡが大きなうねりになって学術出版界そのものを変えつつある現状から、それは出版資本へゲモニーに対抗する力を持ちはじめているといえよう。

しかしながら、それでも「海賊版」とＯＡには大きな違いがある。「海賊版」は、違法であるかグレー領域に位置するものがほとんどだ。「海賊版」はすべてクロかグレーだというのではない。本章で最初に述べたとおり、既得権益者は合法的な活動に対しても「海賊版」のレッテルを貼ることがあるからだ。一方のＯＡは、完全に合法的な活動である。それは各種法令を遵守し、その

（4）脚注（3）参照。

うえで著作物の流通方法についての意向を著者から明確に引き出し、出版産業の仕組みとの整合性を保ちつつ情報の囲い込みを破り、拡散の自由度を高める運動だといえる。大西洋の海賊が持てる者から持たざる者へ富を移転したように、学術知という人類の富を、ジャーナルを購読できない貧国の国民にもわけ与える役割をOAは担っている。

加えて、OAは言論の質を高め、社会を活性化し、創造力を引き出す原動力にもなる。もともと、一部を除き学術論文の出版から著者が対価を得ることはなく、書籍を商業出版したとしても、学術的な専門性が高くなればなるほど、そこから入る印税は少なくなる傾向がある。一刻も早く世に広めたい理論や実験結果・言説があるのならば、出版社などに頼らず著者が自分で発信したほうがよい。ブログやフェイスブック、ツイッターなどで自分の所説を述べる著者は、いわばグリーンOAの実践者なのだ。そうして自説の先行権と知名度を確保し、それから本にまとめてマネタイズするビジネスモデルを採用している研究者は、人文社会系にはみられる。

商業出版物をOA化すると、本の売り上げが減るのではないかとの不安は当然あるだろう。しかしそれを払拭するデータもある。いくつかの出版社・研究所・図書館の調査によると、商業出版とともに全文をネットで読めるようにしても、オンラインやプリントアウトの読書で済ませるひとはとても少ない。実際にはネット上の全文を拾い読みして、自分が読みたい本だとわかればそれを買う（Suber 2007: 196）。

では、OA化が進んで、無償の著作物がネットにあふれ、量において有償著作物をはるかに凌駕するようになったら、どうなるだろうか？　ＹｏｕＴｕｂｅに押される映像・音楽業界のように、少ない有償著作物と大量の無償著作物とに、コンテンツが二分されるかもしれない。そして、大量の無償著作物のなかから選び抜かれたものだけが、有償の「新作」となってマネタイズされることになろう。そうした場合、無償の世界と有償の世界と、いったいどちらが世の創造性にとって大切になるだろうか。おそらく世のなかの創造的なパワーの少なからざる部分は、大量のＯＡ無償著作物のなかから生まれるだろう。

文化コモンズの視点から

つぎに、「海賊版」とＯＡの関係をより精密に位置づけるために、文化コモンズの視点を導入してみよう。

「海賊版」は、私的所有の著作権に打撃を与えつつ、一種の文化コモンズを形成するものといえよう。それに対してＯＡは、著作権の一部を行使しないと宣言することによって、文化コモンズを創る営みである。

旧来のコモンズと文化コモンズの大きな違いは、財の性質にある。情報には元来、控除性はない。コンテンツビジネスは、排除性を高めアクセス可能性を低くすることで成り立ってきた。「海賊版」は、アクセス可能性を一方的に高め排除性を壊す力を持つ。デジタル環境は情報へのアクセス可能性を飛躍的に高めるものである以上、「海賊版」との親和性が高い。

「海賊版」は、そこに生じる用益を動機として、財の所有と管理の実態を変更してしまう。その意味で「海賊版」は、用益アプローチによる文化コモンズ形成にあたる。それに対してOAは、コンテンツ管理のあり方を変えることで出版物の所有、すなわち囲い込みに一石を投じ、そこから用益を生み出している。これは管理アプローチによる文化コモンズ形成と整理できる。

OA運動の唱道者のピーター・サバーは、コンテンツの様態とOAとの親和性を、控除性とロイヤリティーの有無で分類している。オンラインの研究論文のように、控除性が低くロイヤリティーフリーのものはOA化しやすい。コピーガードのない音楽ファイルのように、控除性は低いがロイヤリティーのあるものはOAになりにくい。また、デジタル化されていないがために控除性が高いコンテンツは、ロイヤリティーの有無にかかわらずOAたりえない（Suber 2007: 180）。サバーの議論をみると、OAとの相性を主に決定づけるのは、彼のいう控除性（筆者の考えでは、これはアクセス可能性にあたる）のほうであって、実のところロイヤリティーは有効な分類軸になっていない。ロイヤリティーの有無は、アクセス可能性に影響するサブカテゴリーとしたほうがよいのではないだろうか。

またサバーは、「コモンズの悲劇」になぞらえて「OAコモンズの悲劇」を提唱した。繰り返しになるが、「コモンズの悲劇」とは、控除性のある資源を維持するためには、その排除性を適切に管理しなければならないという説である。ところが、情報のように控除性のない財では、そうしたモデルはまったく当てはまらない。

「ＯＡコモンズの悲劇」とは、みながそれに向けて歩を進めるべきだと考えていても、誰も他に先んじて最初の一歩を踏み出そうとしない悲劇のことをいう（Suber 2007: 183-184）。ただし、これは二〇〇七年の論考であり、その後の現在までのＯＡの発展をみれば、「ＯＡコモンズの悲劇」は乗り越えられたといってよいだろう。

とはいえ、所詮ＯＡは学術論文という、ふつうに社会生活を送るうえでは直接関係のない世界の話だろう。ＯＡ的な状況は、大衆が享受しているネット文化においては、相当に先行して生まれている。学術界は、どうにかこうにか、大衆の先進性を追いかけているような有り様なのだ。しかし、そこでもゴールドＯＡに商機をみている独占的な出版社が、法外なＯＡ化料金を請求するようになってきている。著名な科学雑誌の『ネイチャー』は、二〇二一年からゴールドＯＡを開始した。その一論文あたりのＯＡ化料金は、九五〇〇ユーロ（約一二〇万円）の超高額に設定されている（滝 2021）。

独占的な学術出版社のビジネスモデルに対抗するために、有料の学術論文を不正に収集して公開するサイトもある。また、ResearchGate のように、サイトに登録している著者に対して読みたい論文をリクエストすれば、可能なものならば著者が論文を公開したり、リクエスト者に直接送ったりする仕組みも生まれている。不正な公開サイトは違法、ResearchGate は合法とみられるが、どちらも高額な学術誌を購読できない研究者にとっては有益なサービスであり、学術研究には一定の貢献をしている。脱コモンズ化の圧力と文化コモンズのせめぎ合いはつづいている。

第九章　「文化の発展」のために

いつの日か人間が今の時代をふり返り、あれは私有財産によるさまざまな形態の富の独占化を許すことで革新にブレーキをかけ、生を堕落させた愚かな時代、まだ人間が社会的生を全面的に〈共〉に託すことのできない時代だったと総括する時がくるかもしれない。（アントニオ・ネグリ、マイケル・ハート（幾島幸子訳）『マルチチュード（上）』NHKブックス、二〇〇四頁）

DIWO文化

文化コモンズを脱コモンズ化の圧力から守るためには、どのような考え方が必要なのだろうか？　そのヒントを、「はじめに」で触れたサンダーの *From Goods to a Good Life*（Sunder 2012）を頼りに探ってみたい。

サンダーの問題意識は、「わたしたちが考え、学び、共有し、歌い、踊り、物語り、冗談をいい、アイデアを借り、影響しあい、応答し、批判し、そして敬意を表す能力に、知財法は影響を及ぼす」（Sunder 2012: 1-2）、「共に歌い、踊り、そして物語を共有すること、わたしたちの知性を使って世の中に新しい知識をもたらすこと――これらは根源的に人間の自由が求めるもの」（Sunder

2012: 5）だという点にある。そして、「文化」を「参加型のコミュニティー」としてみることが、自由で民主的な社会の価値観にかなうことで、現代の知財法はそれを推し進めるべきだとする。参加型コミュニティーとしての「文化」は、歴史的に文化生産のプロセスから置き去りにされてきた周縁のコミュニティーに大きな利益をもたらす。現代の知財法学者は効率性ばかりを追求しているが、サンダーは自由、平等、民主主義、発展、相互理解といった複数の価値と「文化的所産」との結合に注目する。

文化産業が作るものは、「缶入りの商品」としての「文化」だとサンダーは主張する（Sunder 2012: 13）。思うに、巨大な文化産業は利潤のトリクルダウンを信じている。レコード会社や映画会社、出版社が富を得れば、アーチストや作家、ひいては関連する会社とそこで働くひとびとに、それがしたたり落ちるというわけだ。しかし、新自由主義でもてはやされたトリクルダウンは、実際にはあまり機能せず、持てるものがますます富み、持たざるものはますます困窮していった。文化産業でも同様で、もっとも富を得るのは企業の役員とほんの一握りの成功した創作者に限られる。とりわけ文化産業の収益は、子どもや高齢者を含む大衆からの売上によって得られるものだ。つまり文化産業が潤うことは、大衆の広い層から可処分所得を奪うことである。これではトリクルダウンとは真逆のトリクルアップである。

サンダーによると、二一世紀の「文化」はオーダーメイドであり、ＳＮＳのような意味を共有するコミュニティーへの自律的で民主的な参加のことである。オーダーメイドの「文化」は、Ｄ

IY（do-it-yourself）ならぬ、DIWO（do-it-with-others）である（Sunder 2012: 47）。参加型でありDIWOな「文化」は、技術的には多対多の対話性、操作・改変の許容、中心を持たないネットワークといった特徴を持つ。DIWOは、文化コモンズの性格が強い。

DIWOで生まれる、アマチュアによる大量の質の悪い作品がプロによる良質な作品を侵食し、結果としてプロが食べていけなくなるとの意見もある。かといって、質のよい作品が消えてなくなるようなことにはなっていない。大量の作品に触れることで、ユーザーが学習するからだ。この場合の学習とは、ただ本を読むことや音楽を聴くことだけではなく、アクティブで批判的な態度を身につけることを含む。また、学習したユーザーが、プロ／アマの作品を区別することなく主体的に選別することで、良い作品が残る。ネット民に選ばれたアーチストが、日本の音楽シーンを席巻している現象を思えば、この議論は腑に落ちよう。

音楽の世界でネット発からメジャーになり、作品が大手のレーベルから販売されるのは、脱コモンズ化である。しかし、音楽の場合、一部で脱コモンズ化が起きても、多くの作品は無料かたいへん低い料金で、ひきつづきネットで楽しむことができる。つぎの世代のアーチストのゆりかごとしての、ネットの機能も失われない。DIWOの文化コモンズは失われていないのだ。

産業が投資して作品を生み、それを販売して利益を再び投資することで「文化」が発展するのだとよくいわれる。いわゆる「創造のサイクル」論である。しかし、それは限られた送り手を中心にした再生産モデルである。ネットによって流通が変化したいま、そのモデルが成り立つのは、

「文化」の領域の一部である。いまは膨大な作品を無料で合法的に楽しむことができるので、ユーザーは「創造のサイクル」に入らずにいることもできる。

より根本的には、「参加型文化は知識そのものを脱神話化する」（Sunder 2012: 71）。ウィキペディアは誰もがいつでも編集できることで、知識を静的で所与のものから、人間のいま・ここの活動の結果に変えた。特定の知識の権威者は、自分は正しくほかのひとはまちがっていると考えがちである。しかし、ひとびとが複数の意見に容易に触れるようになり、善し悪しはあるにせよ権威者の地位は脅かされることになった。ウィキペディアに限らず、そうしたＤＩＷＯ文化のパワーがある限り、脱コモンズ化の圧力ははね返せるだろう。

コモンズのロマンス

本書では「文化」の独占に対する文化コモンズの利点ばかりを述べてきたかもしれない。しかし、もちろん文化コモンズは万能ではないし、留意しなければならないこともある。一例をあげるならば、法学者のアヌパム・チャンダーとサンダーは、「コモンズのロマンス」あるいは「パブリック・ドメイン（ＰＤ）のロマンス」といえる問題があると指摘している（Chander and Sunder 2004）。

「コモンズのロマンス」とは、法の強制力によって資源がオープンになると、その資源はコミュニティーの内外を問わず、等しく全員に搾取されてしまうことをいう。弱者に属する「文化」が法的にPDになると、強者がそれを利用した商品を作って利益を独占することができる。そのようなことがあるから、コモンズは人類の助け合いの源であるかのような、ロマンチックなとらえ方をしてはいけないのだという。

典型的には、ペルーの民族音楽を使って大ヒット曲となった、サイモン&ガーファンクルの『コンドルは飛んでいく』(一九七〇)や、中国の『西遊記』や『三国演義』を使った日本のマンガ、アニメ、ビデオゲーム、テレビドラマ、映画などがそれにあたるだろう。これらの作品から得た利益は、ペルーや中国には環流していないからだ。

チャンダーらは、コモンズとPDとをことさら区別する必要はないという。彼らにとって、コモンズの状態にあるものはPDであり、PDはコモンズである。筆者の考えでは、後者には賛同するが、前者だとコモンズのとらえ方が狭い。特定のメンバーシップを持つ者にだけ共有される伝統的な知識の場合、それはメンバーのあいだではコモンズだが、部外者に対してPDにはなっていない。武術で一定のレベルに達したものにだけ伝えられる、古来の「奥義」がそうだ。

コモンズあるいはPDからの「搾取」は、医薬品の分野にもあり、しかもその利益の大きさは著作物の比ではない。解熱鎮痛薬のアスピリンの有効成分であるサリチル酸は、柳から分離されたものである。柳に鎮痛効果があることは、古代ギリシアの医者・ヒポクラテス(BC四六〇頃-BC三六〇頃)も知っていた。アスピリンは、サリチル酸よりも副作用の少ないアセチルサリチル酸を成分とし、その合成に成功したドイツのバイエル社が特許を取った。これはPDの知識からある種の二次創作をしたものを独占したといえる。とはいえ、特許の独占権は日本の現行制度でも二〇年とたいへん短いので、アスピリン自体もとっくにPDになっている。

日本の興味深い例をふたつほど紹介したい。アステラス製薬は、プログラフ（一般名・タクロリムス）という強力な免疫抑制剤を開発した。そのきっかけは、会社の研究所近くにある筑波山から採取した土に含まれていた微生物が、免疫を抑える働きをする成分を代謝するのを発見したことだった。[1] プログラフは一九九三年に発売されたが、その利益は筑波山の土地を所有する日本国にも、行政区画である茨城県つくば市、桜川市、石岡市にも、筑波山をご神体と崇める筑波山神社にも配分されることはないし、法的にその必要もない。

もうひとつの例は、食品の甘味料・保存料として広く使われているトレハロースの量産技術についてである。トレハロースはもともと自然界に存在しているが、希少であるためたいへん高価だった。岡山市にある株式会社林原の研究員が、自社の研究所の敷地から採取した土壌から、トレハロース生成酵素を作る菌を発見し、量産化を実現した（杉本ほか 1998）。[2] この場合は自社の土地から採取した土を使ったのだから、プログラフのケースとは違うとすべきなのだろうか？アスピリンの有効成分についての知識も、筑波山の土もコモンズだった。林原の研究所の土地は私有地だとしても、土壌の微生物は研究所ができるまえからいただろう。その点で、これらはすべてコモンズからの恩恵を受けている。

これらの会社を責めているのではない。土地の所有権とそこにいた微生物の活用で得られた利益の帰属とはまったく別なので、それを土地からの搾取だとまではいわない。また、ＰＤの知識から作った新製品の利益を一時的に独占することも可とする。そういう考え方のうえに、この社会はできていることを確認しておきたいのだ。

伝統的知識をめぐって

国内から世界に眼を向けると、土地や「伝統文化」からの搾取といえる問題は存在する。先進国の製薬会社のなかには、世界中の薬草とその使用法の知識を探索している会社がある。アスピリンの場合のように、その有効成分を製品化する意図があってのことだ。そうした動向をもっとも警戒しているのが、中国とインドである。いうまでもなく、中国には漢方、インドにはアーユルヴェーダという伝統医療がある。どちらの国も、その種の知識をデータベース化することで、外国企業による特許化を防ごうとしている（伊藤 2013）（加瀬澤 2005）。

中国とインドはもはや貧困国とはいえないが、貧しい国の民族が持つ伝統的知識を、先進国の企業は狙っている。ここでいう伝統的知識とは、主に薬草などの伝統医療のことで、先進国の関

（1） https://www.pref.ibaraki.jp/bugai/koho/kenmin/hakase/info/37/index.html（二〇二一年三月二二日閲覧）

（2） https://www.hayashibara.co.jp/data/69/rd_tp_four/（二〇二一年三月二二日閲覧）

心はそこに集中しているようだ。医薬品やサプリメントとして実用化すれば、企業に大きな利益をもたらす可能性があるからだ。「南」の途上国には、利用できるかもしれない遺伝資源と、それについての知識が豊富にある。しかし、貧しいがゆえに自らの資源を産業化することもできず、先進国がしているように他国から伝統的知識を得る能力もない。そういった非対称な関係を正す試みがつづいている。

伝統的知識と文化表現の保護については、WIPOの専門の委員会（WIPO／IGC）が二〇〇〇年に設置された。そこから二〇二〇年までに四〇回の会合が重ねられている。しかしながら、先進国と途上国が鋭く対立しているため合意できないでいる。

先進国側は、伝統的な知識や文化表現を利用して利益を得たい。途上国側は取られっぱなしを避け、利益を配分してほしい。ところが、伝統的知識の多くは口頭伝承である。有体物として具現化するか、表現として具象化していない限り、たんなる事実やアイデアであるため、法的な保護の対象になりにくい。伝統的文化表現にいたっては、権利の主体も表現の成立期もはっきりせず、PDにあたるものが多い。著作権はすでに存在しないうえ、いったんこれを認めたら、事実上、永久の権利となってしまう恐れもある。伝統的というだけで排他的権利になってしまうと、その終期を設定できないだろう。

伝統的知識を保護する動きは、「生物の多様性に関する条約」(Convention on Biological Diversity、CBD）の枠組みにもみられる（田上 2016：93–95）（日本国際知的財産保護協会 2018）。CBDでは、遺伝資源だけでなく、その利用に関する伝統的知識に対しても利益配分の対象になっている。条約加盟国は国内法令にしたがい、他国の遺伝資源にアクセスするときは、資源の提供国による「事前の情報にもとづく同意」（Prior Informed Consent、PIC）が必要となる。資源へのアクセスは、「相互に合意した条件」（Mutually Agreed Terms、MAT）で提供する。そして遺伝資源から得られた利益は、両国で公正かつ衡平に配分する。

オリジナルのCBDでは、伝統的知識についてはこの枠組みは採用されていない。しかし、二〇一〇年に採択され二〇一四年に発効した「名古屋議定書」では、伝統的知識についてもPIC、MAT、利益配分が合意されている。それによると、締約国は「国内法令に従い、遺伝資源に関連する伝統的知識について、必要に応じ先住民の社会及び地域社会の慣習法、規範及び手続を考慮すること」「伝統的知識の潜在的な利用者に対し当該潜在的な利用者の義務を知らせるための仕組みを確立すること」「伝統的知識に係るABS［アクセス及び利益配分］に関する規範の策定、利益配分に関する契約条項のひな型作成などに関し、先住民の社会及び地域社会を支援すること」を求めている（田上 2016：96）。しかし、国際条約という枠組み上、外国から利益の配分を受けるのは国家であり、国内の原住民や地域社会への再配分は、それぞれの国に任されている。

伝統的知識は、国民国家が成立する以前から民族が保有しているものが多い。そのうえ、国家と民族、あるいは個々の民族も、必ずしも一枚岩ではない。知識が複数の民族にまたがって存在していることもあれば、民族が複数の国家に分断されていることもある。国家が土着の民族を抑圧してきた歴史を持つ国もあろう。貨幣経済や西洋近代的な契約概念を持たない共同体が保有する伝統的知識も考えられる。国家が外国からの利益配分の受け手になれば、国内での搾取がますます進むことにもなりかねない。それでも、国内での利益の再配分は国家に任されている。民族の伝統的知識という文化コモンズを、国際的なアリーナで収益化するためには、国家が主体にならざるをえない。そこに矛盾が生じる。

伝統的知識のことを含む「知識コモンズ」を話し合う国際会議もある。筆者が聴講した会議では、利益配分の仕組みに関心が集中していた。資源を持つ途上国側の要求が厳しく、先進国の企業が二の足を踏むことが増えているとも聞く。「知識コモンズ」は、より広い意味で人類の「生」と「文化」を支えるものなのに、議論が矮小化されているように思えてならない。

フェアカルチャー

ＰＤの利用すらも搾取になることがあるのならば、文化コモンズの理想にも限界があることになる。それを克服する考え方として、サンダーはフィンランドの教育・科学・文化省のレポートを引用しつつ「フェアカルチャー」を提唱している。「フェアカルチャー」は、「年齢、ジェンダー、能力、あるいは民族的、宗教的、文化的背景に関係なく、文化権の実現と、文化記号作用(cultural signification)への全員の包摂を実現するもの」(Sunder 2012: 88-89)である。

これは、レッシグの「フリーカルチャー」が内に持つ、ＰＤからの搾取問題を乗り越えようとするものである。「フリーカルチャー」の観点からは、ペルー民謡のメロディーはPDであり、それを使って『コンドルは飛んでいく』を売り出すことを妨げない。しかし、それに第三者が著作権をつけることには、「フェアカルチャー」の観点からは問題がある。「フェアカルチャー」は、知識や表現の「耕作者」としての途上国の住人、すなわち西洋近代や富から離れた場所で「耕す文化」を実践する貧者を守る思想である。

「フェアカルチャー」は、自由な文化交流をフェアな条件で進める道を探す。サンダーによると、その実践のためには「ひとはどのように創作するのか」「ひとはなぜ創造するのか」「何が文化の共有の妨げになるのか」の視角から、つぎのような信条を持たなればならない（Sunder 2012: 95–100）。

第一は、「文化的生産に参加する能力がフェアに与えられていること」である。表現を生む能力とそれを流通させる能力は別である。力のある者が権利を押さえてしまえば、貧者の創作者には利益が正当にまわらない恐れがある。たとえば、日本の音楽著作権管理をＪＡＳＲＡＣがほぼ独占していて、しかもアーチストは「委託」ではなく著作権を移転する「信託」契約を結ばされるので、自身の楽曲であっても自由に演奏できない。もちろん、アーチストがみな途上国の住人のような貧者ということではないが、こうしたことがフェアネスに関わることになる。

第二は、「フェアに認知されること」である。一例をあげるならば、ディズニーのアニメ映画『ライオン・キング』（一九九四）の挿入歌などで有名な『ライオンは寝ている』である。この曲は、アフリカの民族音楽でPDだと長く考えられていた。ところが実際は、南アフリカの黒人ミュージシャンのソロモン・リンダ（一九〇九－六二）が一九三九年に作った曲だったことが、同国のジャーナリストの調査によって二〇〇〇年にわかった。リンダの遺産管理者は、楽曲の著作権を持っていた会社に対して訴訟を起こし、ロイヤリティーを受け取ることで和解した(3)。この一件などは、南アフリカの激しい人種差別を背景に、弱者の権利がフェアに認知されてこなかったケースにあたる。

第三は、「生計手段としてフェアに守られること」である。これはいうまでもなく、途上国の住人の権利がフェアに守られることが、国や地域の発展にもつながるからである。この点は、何も途上国に限った話ではない。日本で巨額の収益をあげているアニメ作品が、低収入の若いクリエイターたちによる長時間労働によって支えられている現状がある。そうした「やりがい搾取」はフェアではない。

第四は、「搾取に対して脆弱であることをフェアに認知すること」である。「文化」の本質は、知識と意味を他者と共有することだ。しかし「文化」は同時に、強者の搾取に対しては弱くもある。「文化」を奪われることを警戒して、知識を外部に対して閉ざしてしまえば、結果として人類全体の厚生水準を下げることになりかねない。

最後は、「市場によらない文化生産をフェアに支援すること」である。市場で収益を生みにくい文化活動に対しては、助成金などの形で公的な支援が求められる。その際、支援の対象はフェアに選ばれなくてはならない。

この点について、日本の現状は危機的である。「あいちトリエンナーレ二〇一九」では、展示物の表現内容を政治家が攻撃し、文化庁が補助金の不交付を一時決定（その後、減額交付に変更）したり、名古屋市が負担金の支出を拒否したりした。また、作品を観てもいない匿名の「市民」が、正確でないネット情報に扇動されて展示を批判し、会場への放火の脅迫まで起きた。こうしたことは文化生産のフェアな支援からはほど遠い。

政治家の判断は支持されるべきである、なぜならば彼ら／彼女らは選挙で選ばれたからだとの意見も一部にはある。しかし、フェアとは「私欲、偏見、ひいきをまぬがれていること」（『メリアン・ウェブスター英語辞典』）の意味であり、現行の選挙制度で多数を取った者の個別のイシューに対する意見と、フェアであることとは関係がない。

政府や自治体は、補助金を盾に表現内容にまで口を出すべきではない。市民の批判は自由だが、少なくとも展示を観てからにしたほうがよい。遠隔地で観られないのならば、現代アートでもっとも重要とされる、作品のコンテクストを了解したうえで批判するべきで、ましてや脅迫など論外である。こうしたことも、「フェアカルチャー」の問題である。

（3）　https://en.wikipedia.org/wiki/Solomon_Linda（二〇二一年三月二一日閲覧）

志賀直哉の場合

本書で述べた文化コモンズとは真逆の道を選んだ事例も紹介しておきたい。白樺派を代表する小説家・志賀直哉（一八八三－一九七一）の著作物の保護についてである。志賀には、『暗夜行路』（一九二一－三七）、『城の崎にて』（一九一七）をはじめ名作がいくつもあるが、映画や舞台などにリメイクされたことは、一九五九年の映画『暗夜行路』（豊田四郎監督）などの少ない例外を除いてほとんどない。

志賀は生前から作品の翻案や二次利用を嫌っていた。しかも、映画化・芝居化・ドラマ化など、朗読以外の使い方を断るよう遺言までしている。大切にしてほしいのは作品そのものであって、名を残すことはさほど望まず、銅像・記念碑などを建てることも禁じた（『志賀直哉コレクション協定書』2015：164）。

志賀は長生きをしたので、二〇一八年の著作権保護期間延長の対象になり、権利は二〇四一年までつづく。それもあって、志賀作品がさまざまに展開していく可能性が失われている。特殊な使われ方としては、オンラインゲームにはじまりコミック・舞台・アニメなどになった『文豪とアルケミスト』に、志賀自身がキャラクター化されて登場している。ただし、氏名は使われているものの、キャラクターのイラストは本人とはまるで似ていない。こうした使用法にまで、故人である作家の権利を及ぼすことは難しいだろう。志賀の遺志を守る遺族は、心中穏やかでないかもしれない。しかし、『文アル』の影響によって、登場する作家の作品が読まれているので、志賀作品の読者を増やす貢献をしていることは予想できる。[4]

対照的なのは、ほぼ同時代の詩人・小説家の室生犀星（一八八九－一九六二）である。室生は志賀よりも六つ若いが、ずっと早くに亡くなっている。そのため、著作権は二〇一二年に切れており、青空文庫ですでに六三作品が公開されている（二〇二〇年一一月時点）。映画の原作としては、『あにいもうと』（一九五三年、成瀬巳喜男監督）（一九七六年、今井正監督）、『蜜のあわれ』（二〇一六年、石井岳龍監督）など六作品が知られている。[5]すべてを調べきれないが、舞台化された作品もあるようだ。

室生は、著作権についてはおおらかな一面をみせていた。京都の龍安寺を訪れたおり、寺のパンフレットに自分の文章が無断で抜粋されているのをみつけた。氏名の表示はあるものの、出所の明示はなく、数名の文筆家の作品からの抜粋しか載っていない一枚刷りだったので、引用にもあたらない。そのときの気持ちを、室生はつぎのように書いている。

龍安寺の解説のなかに昔自分が書いた私の文章が引用されてゐるのに気がついて、きまりの悪い思ひがした。それをしらずに五銭出して購《もと》めた私は、知らずにゐただけに自分の解説を買

（4） https://www3.nhk.or.jp/news/html/20170606/k10011008731000.html（二〇一七年六月六日閲覧）
（5） https://eiga.com/person/72892/movie/（二〇二一年三月二二日閲覧）

うたのは可愛い男であると思つた。（龍安寺　発行年不明）

こうした無断転載や、それを発見した著者の寛容さは、決して珍しいことではなかった。さまざまな古い文献をみていると、自分の作品が使われること、翻訳されることは、たとえ無断であっても作者にとっては名誉なこととする受け止め方が、二〇世紀なかば頃まではふつうにあったように思う。もちろん、いまの常識では、それはとんでもないことである。そのような「パクリ」は、バッシングの格好の餌食になる。人間の意識や感情的な反応は、時代性に大きく左右されるものなのだ。

話を志賀に戻そう。志賀の作品は、著作権保護期間を終えてもなお、使用に一部制約がかけられることになっている。彼の遺言執行者と、遺品の主な寄贈先である日本近代文学館とが、そのような協定を結んだからだ（『志賀直哉コレクション協定書』2015：148–163）。公刊されている協定書のうち、本書に関係するポイントを列挙すると、①特定個人の人権を侵害する記述については、いかなる方法をもっても公表を許可しない、②過去の映画化に関する資料はコレクションから削除し、作品の朗読以外の使用には協力も関与もしない、③特定の使用形態については、著作権保護期間であるか否かにかかわらず制限を加える、の三点である。

①の点については、志賀を題材にした小説や研究書で、志賀周辺の人物の障がい等に触れたものがあったので、そのような使用には特別な注意を払い、協力を一切せず、引用も認めないとい

う。協定書には、問題になった作品のコピーが添えられている。さらに、志賀自身が差別表現を使っている資料は廃棄し、公表は一切許可しないとしている。

差別表現に留意が必要なのは当然だとしても、それもまた作品の時代性を知るためには欠かせない情報だ。人物研究のためには、現代ではマイナスと評価されることを含め、すべてに目配りしなくてはならないことはいうまでもない。

②については、作家の遺志を尊重してのことであろう。それにしても、すでにされた映画化についても、あたかもなかったかのようにすることには、映画ファンや研究者は疑問を持つだろう。③については、過去に作品の題名を清酒の銘柄として無断で商標登録されたことを踏まえている。図書を除く広告等の商業目的での使用やグッズ製作の申請があった場合は、保護期間を終わっていても制限することがあるという。いわば、永久著作権に類することを、遺言執行人と日本近代文学館とで取り結んでいることになる。

こうした協定書が作られた法的根拠のひとつが、著作権法の「著作者が存しなくなつた後における人格的利益の保護」「名誉声望保持権」の規定である。

第六〇条　著作物を公衆に提供し、又は提示する者は、その著作物の著作者が存しなくなつた後においても、著作者が存しているとしたならばその著作者人格権の侵害となるべき行為をしてはならない。（後略）

第一一三条　11　著作者の名誉又は声望を害する方法によりその著作物を利用する行為は、その著作者人格権を侵害する行為とみなす。

つまり、未公表作を公表したり、名誉声望を害するような使い方を無断でしてはならない。問題は誰に対して無断でやってはいけないのかである。原則は孫までの遺族（第一一六条第一項）で、遺言で指定された者がいればその人物になる（同第三項）。これらの者には、差止請求（第一一二条）、名誉回復の請求（第一一五条）、損害賠償請求（民法第七〇九条）が認められている。ただし、遺族ではなく遺言で指定された者の場合は、著作権保護期間が満了すればその権限がなくなる。

著作者人格権が著作者の死後も保護されるといっても、孫がすべて亡くなり、財産権の保護期間も満了していれば、「人格的利益の保護」が行使されることはほぼなくなると考えられる。それにもかかわらず、日本近代文学館は、この協定により資料の特定の使用を、「永久に」拒みつづけることになるのだろう。館としては、何よりも資料の収蔵と保存を第一に考えて協定に合意したのだろう。それは理解できるのだが、釈然としない。

権利が切れてしまえば、許諾なしにできることは多くなるはずだ。しかし、志賀作品を使うときに、念のために許諾を取りにいったら断られるといった、「疑似著作権」（福井 2010：第七章）が行使されることになろう。それが「文化の発展」にとってよいことだとは思えない。

蛇足ながら、中国では著作権保護期間はまだ五〇年間に据えおかれているので、志賀の著作権は同国では二〇二一年までである。その後は公開作品の公衆送信等が自由になる。(6) 二〇二二年からは、中国国民が中国国内のサーバーを使って志賀作品を日本語のまま公開することが、制度のうえでは可能である。そうなれば中国で日本文学を学ぶ若者がアクセスしやすくなる。彼ら／彼女らのほとんどは、青空文庫で日本文学に触れている。それを考えると、中国で著作権が切れることは、志賀作品にとって必ずしもマイナスなことではない。また、それは中国で違法にアップロードされたものではないので、仮に国内のユーザーがそれをダウンロードしても、合法と信じてしたことならば違法にならない可能性すらある。

志賀が遺言した一九七一年以前は、作品を多くのひとに読んでもらうためには出版資本に頼るしかなかった。メディアミックスによる展開や、ネットでの流通・二次創作など想像もつかない時代の遺志だといってよい。もし志賀が多メディア展開で小説を売る手法や、ゲームを入口にして作品に関心を持つ若年層が生まれる未来を予想していたならば、翻案や二次利用を一律に禁じる遺言をしただろうか。

近代日本文学者の河名サリ（-二〇二〇）は、文学作品が映画・マンガ・アニメなどのバーチャルな世界に留まらず、文学館・文学碑・文学ツーリズムのようなリアルな世界で展開していることにも着目し、音読・黙読のほかに「歩読」というものがあると論じた。

---

(6) ベルヌ条約の定めにより、保護期間が五〇年の国の著作物は、日本国内でも五〇年しか保護されない。

現代日本の多様なメディアと形態を横断して、文学は使えるものであり、積極的に使われてきたものでもある。おそらく偶然に現れたであろう献身的な守護者たち、たとえば触発された編集者、起業家精神にあふれた出版社、創造的な読者、文学ツーリストといった、その使用価値を知り、ひとびとの想像のなかに作品を生かしつづける者たちの努力によって、テキストはひとつの連続した生命として、あるいは幾度も転生して、長寿を保つことができるのだ（Kawana 2018: 189）。

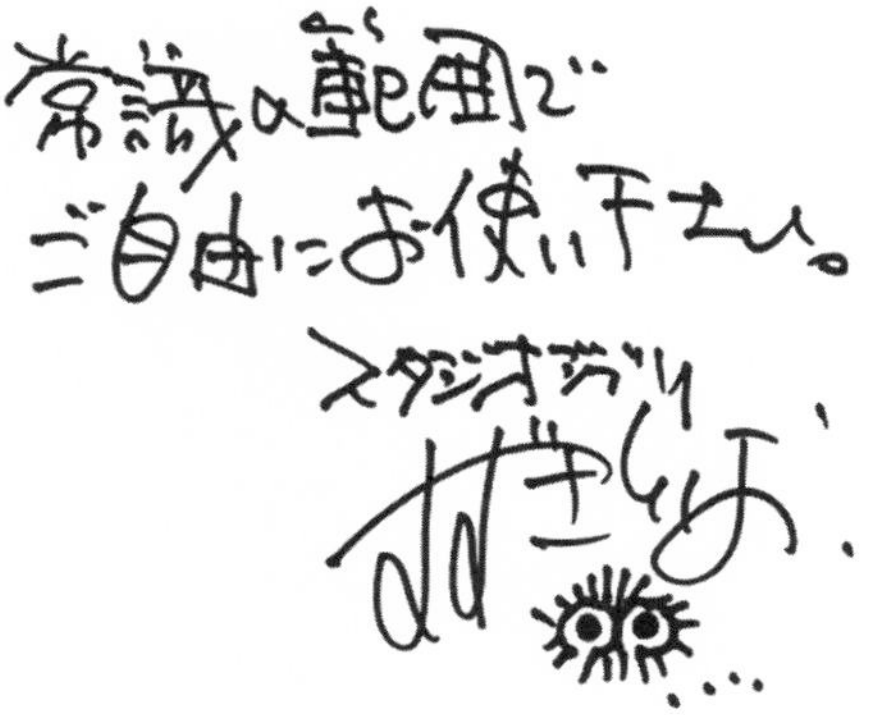

図4　スタジオジブリ・鈴木敏夫プロデューサーのメッセージ[7]

スタジオジブリの決断

志賀とは正反対のやり方に打って出たのが、スタジオジブリである。二〇二〇年九月から一二月にかけて、ジブリは過去の作品の場面写真を提供した。公開サイトには鈴木敏夫プロデューサーによる「常識の範囲でご自由にお使い下さい」（図4）という手書きメッセージも添えられている。『となりのトトロ』（一九八八）、『もののけ姫』（一九九七）、『千と千尋の神隠し』（二〇〇一）など、代表作を含む二四作品、一一七八枚の高精細な画像をユーザーは「常識の範囲で」自由に利用できる。

いいや、一個人の作家の作品と、大勢で作る商業アニメとをいっしょにするなという、文学側からの反論が聞こえてきそうだ。それは優れた作品を個人の創造性だけに帰着させるロマンチシズムである。純粋な文学作品といわれるものであっても、編集者と出版社、印刷製本会社、取次会社、運送会社、書店、読者、批評家などがなければそれは成立しない。大勢のひとに支えられたシステムだという点で、文学作品と商業アニメに違いはない。紙の本の印税率は、定価の五－一〇%が相場で、一流作家でも一五%以下らしい。作品に対する作家の貢献度は、せいぜいそれくらいと見積もられているのだ。

ジブリは著作権管理に厳しいことで知られていた。それはアニメ研究者のあいだでも有名なことで、論文への図版引用の許諾を取ろうとして拒絶されたと不満をいう研究者を、筆者も複数知っている。もちろん、要件を満たした正当な引用ならば、許諾を取る必要などない。権利者に仁義を切ろうとしたばかりに、藪蛇になってしまったということだ。

そんなジブリが、なぜこのような思い切った転換をしたのか？　それを知る手がかりは、ジブリが刊行する雑誌『熱風』の二〇二〇年八月号に掲載された座談会にある（スタジオジブリ 2020）。座談会に参加したのは、鈴木のほかジブリの法務関係者と顧問弁護士の合計五名である。

（7）https://www.ghibli.jp/info/013344/（二〇二一年三月二一日閲覧）

鈴木はまず、作家の大佛次郎（一八九七－一九七三）が『鞍馬天狗』（一九二四－六五）の作者が自分だと知られていないことについて、誰が書いたか知らないのに作品が有名なのはすばらしいことだと語ったことを紹介した。そして、自身が徳間書店に入社した一九七二年頃は、著作権が緩やかで自由にさまざま使えたのに、それがどんどん変わってきたという。「それってほんとうに正しいんだろうか、という考えがずっとどこかにあったんです」（スタジオジブリ 2020：5）とも鈴木はいう。

そういう鈴木に著作権に厳しいひとのイメージがついてしまったのは、著作権への疑問を公的な場ではいわないよう、法務担当から釘を刺されていたからだった。世間によくある、法務と制作のあいだでの著作権に対する感覚のずれである。法務は厳密に法を適用して利益を保護するのが仕事だ。しかし、他の作品からの影響やその模倣を排除しては創作が成り立たず、そもそも創作者になるために腕を磨くこともできないことを、制作側の人間は熟知している。音楽分野でたとえるならば、音楽教室からも使用料を取ろうとするＪＡＳＲＡＣと、それを望まないアーチストのあいだにある溝のようなものだ。

出版物への引用で、許諾をしないのに使われたことはあったという。ジブリの法務担当者いわく、そういう場合でも出版されたものが正当な引用であるならば、それ以上何かをいうことはないらしい。アニメ研究者は、ジブリの図版でも堂々と引用すればよかったのだ。しかし、権利者が許諾しないことで萎縮が起きたことは否定できない。

鈴木はさらに、マンガ雑誌が読者による模写のコーナーを持っていたことや、手塚治虫（一九二八－八九）がディズニー作品の海賊版を出していたことなどに触れた。そして、SNSでの画像の使用のことも念頭に、ジブリの法務担当者二名に向かって「あまり目くじらを立てるな」（スタジオジブリ 2020：20）とまで発言している。

野坂昭如（一九三〇－二〇一五）が書いた『火垂るの墓』（一九八八）の原作本（一九六七）は、絶版寸前だったのが、アニメ化によって命脈を保ったことも鈴木は紹介している。そういうことをあの世の志賀が聞いたら、何と思うだろうか。

鈴木が尊敬する小説家の堀田善衞（一九一八－九八）の場合、没後に本が入手できなくなったことを思い、「だから著作権って使い方を間違えると、作家の命を潰していくんですよ」「だから僕はね、トトロなんかとくにそう思うけど、一人歩きしてほしい、それが夢です」（スタジオジブリ 2020：22）という。

宮崎駿はもう新作の長編アニメを作っていない。著作権の保護はまだまだつづいても、作品がひとびとから忘れられてしまったら、それは作品の、そして製作に精魂を傾けた者たちの死を意味する。鈴木にとっては、それが何よりも悲しいことなのだ。

実は二〇二〇年九月からの大規模な画像公開に先立ち、新型コロナウィルス感染症が深刻化しはじめた同年四月から翌月にかけて、リモート会議のバーチャル背景用として、『風の谷のナウシカ』（一九八四）、『天空の城ラピュタ』（一九八六）をはじめとする二四作品の背景画等をネット公開していた。この提案をしたジブリ社員が、必要な10人ほどの許諾を取るといってきたときに、鈴木は「すぐやれ。潰されるからその10人に言う必要はない」（スタジオジブリ 2020：23）と指示したという。

アニメ背景画は近年、その芸術性に注目されはじめている。なかでも、ジブリ作品の背景画を多く手がけた山本二三の作品は、各地の美術館で作品展が開催されるなど評価が高い。公開された背景画に山本作品が含まれているかは確認しきれないが、背景画が個人の作品と認知されると、こうした画像公開はいっそう難しくなることだろう。

やっぱりこれまでジブリがつくってきたいろいろな作品を支えてくれたのは、作品を見てきた人たちだもん。そういう人たちに恩返しをしたいよ。（スタジオジブリ 2020：23）

作品は著作者や著作権者だけのものではなく、そのユーザーによっても所有されているという本書の主張を、力強く後押ししてくれることばだ。

とはいえ、ジブリが認めたのはあくまで静止画の利用であって、動画の利用を公認することはさすがにできないだろう。だが実際には、アニメを素材にして音楽に合わせて動画をパッチワークのようにつなぐ、「アニメ・ミュージック・ビデオ」という二次創作で、ジブリ作品はよく使われてきた。それも個人や同人でささやかに楽しむといった規模ではなく、アメリカの有料のアニメ・コンベンションでは、数千人が集まるステージの目玉企画として上映されてもきた。おなじコンベンションに、日本のアニメ制作者がゲストとして招かれてもいるので、そのように利用されていることを日本側は知っている。ジブリだけではなく日本のアニメ業界は、動画のその種の二次利用については、公認はしないまでも黙認する姿勢でいる。

コミケで販売される二次創作物とおなじで、作品がユーザーに使われ、記憶され、拡散されることが、最終的には著作者の利益になるという、現実的な判断がそこにはある。

「文化の発展」に向けて

本書の問題意識は、著作権は「文化の発展」のためだというが、では「文化」とは何か、その「発展」がどういう状態のことなのかが、おざなりにされてきたことにある。それらは時代・環境とともに変化しつづけるものであり、その現在形・近未来形がどのようなものなのかを考察することなしに、「文化の発展」がお題目のようになっていることへの疑問があった。

本書では、第I部で人権的な著作権論を批判しつつ、ユーザーの自己の一部を形成する作品を使うことをユーザーの人権と考えてみることを提案をした。そう考えられる根拠は、作品の受容体験が脳の神経接続の変化として、また「言分け」による記号的認知を構成するものとして、ユーザーの身体に刻まれること、すなわち作品が身体化していることにある。

第II部では「文化」について考察した。そのことばの意味内容は、歴史的に変遷しているものの、個を越えた集合的な現象を指すことに変わりはないことをみた。そして第Ⅲ部では、「文化」はコモンズであるが、それには控除性がない点で、土地や自然資源などの有体物のコモンズとはおのずと性格が異なることを論じた。そのような文化コモンズに対しても囲い込みが起きている。近未来の「文化」の鍵は、そうした脱コモンズ化にではなく、ＤＩＷＯ、フェアカルチャーといった、文化コモンズを一層深化させることにある。

実は、こうした考えは、ユネスコが提唱してきた知識社会の方向性とも一致している。ある意味でわたしたちはみな知識社会に生きていて、ＩＴ化・グローバル化のなかで、知識を生産し、利用する速度と量は格段に増えている。知識社会はあらゆる知識を、すべてのひとが大量に生産し、大量に利用する機会を拓くものとなる。知識社会は、現代社会が受け入れている以上に集団的な考え方、あるいは独特な生き方をもたらす。それは、個々の「生」の質と安全性に高い価値を与えることで達成される（Department of Economic and Social Affairs 2005: 141）。

ここでいう知識とは、科学的なものに加えて、「文化的所産」のこともいう。長きにわたって知識は固くつながったサークルに属する利口な男たちだけのものだった。秘密こそが排他的な知識社会の構成原理だった。啓蒙の時代になり、民主主義への要請から、オープンであることとともに、知識を求める公開の討論の場が徐々に出現したことによって、普遍性、自由、衡平といった概念が広がっていった（UNESCO 2005 : 17）。

情報化時代の知識社会と昔のそれとの違いは、啓蒙から受けついだ人権と、包摂的で参加型の性格があることだ。とりわけ、世界人権宣言にある「表現の自由」「教育を受ける権利」そして、第三章でも触れた「自由に社会の文化生活に参加し、芸術を鑑賞し、及び科学の進歩とその恩恵とにあずかる権利」（第二七条第一項）が鍵となる（UNESCO 2005 : 18）。

知識社会の柱のひとつは、知識へのアクセスをより参加型にすることである。可能な限り多くの個人が、知識の単なる消費者ではなく生産者になることができなくては、知識社会はその名に値しない（UNESCO 2005 : 189）。そのような参加型の知識社会は、同時に民主的な社会の理想にもつながる。

知識には「文化的所産」も含まれている。「文化」が参加型になるとは、作品が一層オープンになることと同義である。未来の「文化の発展」の鍵は、そこにある。

あとがき

ひとは影響を受けた作品を身体化し、所有している。作品のユーザーにも人権にもとづく権利があるのではないか。「文化」は集団的なものであり私的所有とは相性が悪いのではないか。そういった考えが本書の底流にある。

これは論争を呼ぶアイデアだと思う。いまの著作権法はあまりに複雑で、法学者でも弁護士でもない筆者がすべてを理解することが難しい代物になっている。よく勉強したつもりでも、法学者がみれば本書は穴だらけかもしれない。もしそうであれば、浅学を恥じ入るしかない。だが、こういうことは、特定のディシプリンに浸っていると書きにくいことだとも思う。

少年老いやすく、学成り難しという。研究者になってからずっと追いかけてきた「著作権と文化」の課題に、還暦前の自分の考えを少しはまとめた本を残しておかなければとの思いがあった。文中にはデジタルやオープンアクセスの利点などを書いたものの、保存性と読みやすさ、記憶に残りやすさの点では、紙の本に勝るものはない。昔ながらの本は、一〇〇年以上も残されている実績がある。筆者自身も、図書館や書店の棚をめぐり、多くの古い本と出会ってきた。書架に眠っている本書を手に取ってくれたひとに、ありがとうといいたい。

本書は、二〇一九年一二月から一年強をかけて書き上げたものである。ちょうど新型コロナウィルス感染症が武漢で確認されてから、日本で第三波のピークを過ぎようとしていた期間にあたる。コロナによる自粛の波を真っ先にかぶったのが、コンサート、演劇などの文化イベントだった。日本では「文化」は、「不要不急」のものだった。本書で述べたように、それは「文化」をただの消費材にしてしまったことの、ひとつの帰結だろう。「経済を回せ」とはいっても、「文化を止めるな」の声は小さかった。国が手厚く保護したのは、政権与党の幹事長が業界団体の会長を努める旅行業ばかりだった。かたやドイツのメルケル首相は、芸術支援を優先順位リストの最上位に位置づけた。そういう話を聞くと、日本での「文化」なるものの、制度的な弱さを思わずにはいられなかった。

第五章で紹介したユネスコの定義にあるように、「文化とは、芸術・文学だけではなく、生活様式、共生の方法、価値観、伝統及び信仰も含むもの」だ。経済活動よりも重要性の低いものであるどころか、人間を人間たらしめているものが「文化」である。そして本書で縷々述べてきたように、「文化」活動を制約することは、表現者を経済的苦境に追いやるに留まらず、受け手をも含めたすべてのひとの人権をおびやかすことだという認識を持ちたい。

「文化の発展」に寄与するはずの著作権法は、コロナ禍にあえぐ「文化」の支援には無力だった。著作権で潤ってきたはずの会社や団体が、創作者や実演家、カラオケ店、ライブハウス、音楽教室などを積極的に支援するといった話は聞かれなかった。

この状況のなかで、「文化」はいったいどうなってしまうのか？　いったい「文化の発展」とは、何をいうのだろうか？　そんなことを自問しながら「巣ごもり」の日々を送り、本書を書き進めた。

脱稿間近になった二〇二一年三月には、作曲家で元ＪＡＳＲＡＣ理事・会長で現特別顧問の都倉俊一氏が、つぎの文化庁長官になることが決まり、利益相反を危惧する声があがった。萩生田光一・文部科学大臣は、都倉氏に「積極的に攻めに転じ、稼ぐ文化というものも考えて頂きたいと申し上げた」という（朝日新聞電子版、二〇二一年三月五日）。本書で指摘した、日本での文化概念の変質を、地で行くようなコメントだった。

本書には、いくつかの研究会を主宰し、また参加して得た知見が含まれている。本書の全体には、国際日本文化研究センターで筆者が主宰した「縮小社会の文化創造：個・ネットワーク・資本・制度の観点から」（二〇一八－二一年度）、「文化の所有と拡散」（二〇〇六－〇八年度）の各共同研究会の成果が入っている。また、第Ⅱ部には、「新しい文化政策プロジェクト」（代表者　京都大学教授・佐野真由子）での議論から学んだことが活かされている。

また、本書はほとんどが書き下ろしであるが、第七、八章はそれぞれ、つぎの既発表論文を改稿したものである。

山田奨治「〈文化コモンズ〉は可能か?」山田奨治編『コモンズと文化——文化は誰のものか』東京堂出版、二〇一〇年、六-四三頁。

山田奨治「〈海賊版〉の可能性——オープンアクセスの創造力」佐藤卓己編『岩波講座現代　第九巻　デジタル情報社会の未来』岩波書店、二〇一六年、一三一-一五二頁。

編集者の松岡隆浩さんとの本作りは、これが五年ぶりの四冊目、「著作権本シリーズ」としては三冊目になる。人文書院は一〇〇年近い歴史のなかで、高度な読書人が求める本をたくさん出してきた。そういう出版社からまた上梓できるのは、著者冥利に尽きる。

最後に、妻の和江は自分の仕事で多忙なときでも筆者の学究を支えてくれている。感謝しかない。

二〇二一年三月　湖国の寓居にて

山田　奨治

——地球文化の社会理論』東京大学出版会.

小林真理編『文化政策の現在1――文化政策の思想』東京大学出版会, 65-80.
山科正平　2017　『カラー図解　新しい人体の教科書 下』講談社.
山田奨治　2002　『日本文化の模倣と創造――オリジナリティとは何か』角川選書.
――――　2007　『〈海賊版〉の思想――18世紀英国の永久コピーライト闘争』みすず書房.
――――　2010「〈文化コモンズ〉は可能か？」山田奨治編『コモンズと文化――文化は誰のものか』東京堂出版, 6-43.
――――　2011　『日本の著作権法はなぜこんなに厳しいのか』人文書院.
――――　2016　『日本の著作権はなぜもっと厳しくなるのか』人文書院.
由井常彦編　1991　『セゾンの歴史 下巻』リブロポート.
ユクスキュル, クリサート　2005　(日高敏隆, 羽田節子訳)『生物から見た世界』岩波文庫.
ユネスコ　1976　「大衆の文化生活への参加及び寄与を促進する勧告（仮訳）」. https://www.mext.go.jp/unesco/009/004/018.pdf（2021年3月22日閲覧）
吉田利宏　2017　『新法令解釈・作成の常識』日本評論社.
吉見俊哉　2003　『カルチュラル・ターン, 文化の政治学へ』人文書院.
吉村保　1993　『発掘 日本著作権史』第一書房.
龍安寺　発行年不明　『相阿弥築造　龍安寺方丈の庭園（通称虎児渡）』京都市右京区龍安寺.
ルーマン, ニクラス　2009　(馬場靖雄ほか訳)『社会の社会　1』法政大学出版局.
――――　2012　(馬場靖雄訳)『社会の芸術 新装版』, 法政大学出版局.
レッシグ, ローレンス　2002　(山形浩生訳)『コモンズ――ネット上の所有権強化は技術革新を殺す』翔泳社.
ロバートソン, ローランド　1997　(阿部美哉訳)『グローバリゼーション松本卓也　2018 『享楽社会論――現代ラカン派の展開』人文書院.
馬渕仁　2002 『「異文化理解」のディスコース――文化本質主義の落とし穴』京都大学学術出版会.
丸山圭三郎　1981 『ソシュールの思想』岩波書店.
――――　1984 『文化のフェティシズム』勁草書房.
丸山哲央　1991 「T・パーソンズの文化システム論」タルコット・パーソンズ（丸山哲央訳）『文化システム論』ミネルヴァ書房, 133-158.
三浦友美　2015 「コラム」加藤直規ほか『障がいのある方のアートに関する権利　Q&A ハンドブック』NPO 法人ひゅーるぽん　アートサポートセンターひゅるる, 24-25.
水野祐　2017 『法のデザイン――創造性とイノベーションは法によって加速する』フィルムアート社.
水野錬太郎　1899 『著作権法要義 全』明法堂・有斐閣書房.
宮内泰介編　2006 『コモンズをささえるしくみ――レジティマシーの環境社会学』新曜社.
宮澤溥明　1998 『著作権の誕生――フランス著作権史』太田出版.
室田武ほか　2003 『環境経済学の新世紀』中央経済社.
室田武, 三俣学　2004 『入会林野とコモンズ』日本評論社.
文部科学省, 厚生労働省　2019 『障害者による文化芸術活動の推進に関する基本的な計画』文部科学省, 厚生労働省.
平田毅　2000 「カルチュラル・スタディーズにおける〈文化〉概念」『佛教大学大学院紀要』28(2000/3)：191-204.
山下真史　2019 「「小さな人権侵害も見逃さない」創設80年の JASRAC を貫く「根本原理」」『弁護士ドットコムニュース』2019/4/13. https://www.bengo4.com/c_23/n_9507/（2021年 3 月22日閲覧）.
柳父章　1995 『文化』三省堂.
山内文登　2018 「第 5 章　文化の思想――帝国主義・植民地主義の転生」

ハルトゥーニアン，ハリー　2007 （梅森直之訳）『近代による超克〈下〉——戦間期日本の歴史・文化・共同体』岩波書店.
バーンスタイン，レナード　1991 （和田旦訳）『答えのない質問　新装版』みすず書房.
美術手帖　2017 「重要トピックからたどるアウトサイダー・アートの変遷」『美術手帖』2017/2：34-37.
福井健策　2010 『著作権の世紀』集英社新書.
文化芸術立国の実現のための懇話会　2014 『文化芸術立国中期プラン——2020年に日本が，「世界の文化芸術の交流のハブ」となる』文化庁.
文化政策推進会議　1991 「「文化の時代」に対処する我が国文化振興の当面の重点方策について」文化庁.
———— 1995 「新しい文化立国をめざして——文化振興のための当面の重点施策について（報告）」文化庁.
文化庁　1973 『文化庁のあゆみ』文化庁.
———— 2009 『文化芸術立国の実現を目指して——文化庁40年史』文化庁.
放送用語委員会（東京）　2007 「用語の決定」『放送研究と調査』2007/5：78-87.
ボーダレス・アートミュージアム NO-MA　2011 「アール・ブリュット・ジャポネ展ニューズレター Vol. 1」『2010年パリ　アール・ブリュット・ジャポネ展全貌』現代企画室，16-31.
増田聡　2010 「真似・パクリ・著作権——模倣と収奪のあいだにあるもの」山田奨治編『コモンズと文化——文化は誰のものか』東京堂出版，81-117.
眞壽田順啓　2016 「「地域団体商標」と「地理的表示」の戦略的活用」『総合政策研究』52：15-24.
松本和也　2018 「岸田國士の大政翼賛会文化部長就任をめぐる言説」『立教大学日本文学』119：80-93.

程・ベルヌ条約及追加規程ニ関スル解釈的宣言書』内務省警保局.
―――― 1904 『著作権法理由書』内務省.
永江朗 2014 『セゾン文化は何を夢みた』朝日新聞出版（Kindle 版）.
長津結一郎 2018 「障害者による文化芸術活動の推進に関する法律及び基本計画の策定過程」『文化政策研究』12：14–19.
中原一歩 2020 「セクハラ・パワハラが横行する福祉業界の「闇」」『文春オンライン』2020/11/24. https://bunshun.jp/articles/-/41733（2021年3月22日閲覧）
中村美帆 2013 「戦後日本の「文化国家」概念の特徴――歴史的展開をふまえて」『文化政策研究』7：135–156.
―――― 2015 「憲法25条「文化」の由来と意味――文化権との関連性」『文化政策研究』9：38–54.
中山信弘 2020 『著作権法 第3版』有斐閣.
日本音楽著作権協会 1958 「音楽著作権のための標語 当選発表」『日本音楽著作権協会会報』10(1958/5/10)：1.
―――― 2019 「浅石理事長が「JASRAC のラスボス」としてニコニコ生放送に出演」『日本音楽著作権協会会報 JASRAC NOW』735(2019/4)：5.
日本国際知的財産保護協会 2018 『各国における伝統的知識の保護制度と伝統的知識に係る条約に関する調査研究報告書』日本国際知的財産保護協会.
根木昭 2003 『文化政策の法的基盤――文化芸術振興基本法と文化振興条例』水曜社.
野口祐子 2010 『デジタル時代の著作権』ちくま新書.
服部正 2003 『アウトサイダー・アート――現代美術が忘れた「芸術」』光文社新書.
パーソンズ，タルコット 1971 （矢沢修次郎訳）『社会類型――進化と比較』至誠堂.

全米研究評議会編　2012　(茂木愛一郎ほか監訳)『コモンズのドラマ――持続可能な資源管理論の15年』知泉書館.
田上麻衣子　2016　「名古屋議定書の実施と伝統的知識の保護」『専修法学論集』128：91-134.
滝順一　2021　「ネイチャー高額掲載料の衝撃　進む学術誌オープン化」『日本経済新聞（電子版）』2021/1/19.
武田俊輔　2019　『コモンズとしての都市祭礼――長浜曳山祭の都市社会学』新曜社.
多田光宏　2011　「社会の文化――世界社会の時代における文化の概念のために」『社会学評論』62(1)：36-50.
田中辰雄，林紘一郎編　2008　『著作権保護期間――延長は文化を振興するか？』勁草書房.
田村善之　2019　『知財の理論』有斐閣.
知野文哉　2013　『「坂本龍馬」の誕生――船中八策と坂崎紫瀾』人文書院.
張睿暎　2009　「著作物ユーザに権利はあるか――新しい著作権法フレームとしての人権」『別冊 NBL No. 130　知財年報2009』商事法務.
テヴォー，ミシェル　2017　(杉村昌昭訳)『アール・ブリュット――野生芸術の真髄』人文書院.
デュビュッフェ，ジャン　2020　(杉村昌昭訳)『文化は人を窒息させる――デュビュッフェ式〈反文化宣言〉』人文書院.
時実象一　2014　『DHjp4 オープン・アクセスの時代』勉誠出版.
戸波美代　1997　「著作者人格権に関する一考察――法制比較の試み（その一）」『筑波法政』22(1997/3)：113-134.
鳥越皓之　1997　「コモンズの利用権を享受する者」『環境社会学研究』3：5-14.
内閣官房，文化庁　2017　『文化経済戦略』内閣官房.
内務省　1898　『著作権保護ニ関スル国際同盟条約・国際同盟条約追加規

参議院　2018 「第196回国会　参議院文教科学委員会会議録」2018/4/17.
『志賀直哉コレクション協定書』 2015　発行所不明.
社会福祉法人愛成会　法人企画事業部編　2017 『障がいのある人の作品にまつわる権利のことハンドブック』社会福祉法人愛成会　心の真ん中にある衝動　Tokyo “Brut” プロジェクト.
周振鶴　2012 （紅粉芳惠，陳娟訳）「文化史における和刻本漢籍の意義」『関西大学東西学術研究所紀要』45：3-12.
シュッツ，イルゼ編　1998 （渡部光ほか訳）『アルフレッド・シュッツ著作集　第4巻　現象学的哲学の研究』マルジュ社.
ジンメル，ゲオルグ　1994 （大久保健治訳）「文化の哲学に寄せて」『ジンメル著作集7　文化の哲学』白水社.
菅豊　2004 「平準化システムとしての新しい総有論の試み」寺嶋秀明編『平等と不平等をめぐる人類学的研究』ナカニシヤ出版，240-273.
――――　2010 「ローカル・コモンズという原点回帰――「地域文化コモンズ論」へ向けて」山田奨治編『コモンズと文化――文化は誰のものか』東京堂出版，263-291.
菅谷廣美　1978 『「修辞及華文」の研究』教育出版センター.
杉本利行ほか　1998 「新規酵素による澱粉からのトレハロース製造」『日本農芸化学会誌』72(8)：915-922.
スクワイア，ラリー・R，エリック・R・カンデル　2013 （小西史朗，桐野豊監修）『記憶のしくみ　下――脳の記憶貯蔵のメカニズム』講談社.
スタジオジブリ　2020 「特集　座談会　ジブリと著作権」『熱風』18(8)：3-24.
政策研究会　文化の時代研究グループ　1980a 『文化の時代研究グループ報告書』大蔵省印刷局.
――――　文化の時代の経済運営研究グループ　1980b 『文化の時代の経済運営研究グループ報告書』大蔵省印刷局.

川島志保　2011 「「アール・ブリュット・ジャポネ展」に寄せて「後見人奮闘記」」『2010年パリ　アール・ブリュット・ジャポネ展全貌』現代企画室, 30-31.
河村建生, 伊藤信太郎編　2018 『文化芸術基本法の成立と文化政策——真の文化芸術立国に向けて』水曜社.
観光立国推進閣僚会議　2014 『観光立国の実現に向けたアクション・プログラム2014』観光庁.
———— 2015 『観光立国の実現に向けたアクション・プログラム2015』観光庁.
カンデル, エリック・Rほか　2014 （金澤一郎, 宮下保司監修）『カンデル神経科学』メディカル・サイエンス・インターナショナル.
菊池大麓訳　1879 『百科全書修辞及華文』文部省.
岸田國士　1943 『力としての文化——若き人々へ』河出書房.
櫛野展正　2018 『アウトサイド・ジャパン——日本のアウトサイダー・アート』イースト・プレス.
グレイビエル, A・M, K・S・スミス　2015 「習慣を作る脳回路」『別冊日経サイエンス207　心を探る　記憶と知覚の脳科学』日経サイエンス社, 37-41.
国土交通省　2008 『持続可能な暮らし文化のために』国土交通省.
国立国会図書館　2014 「インターネット提供に対する出版社の申出への対応について」. http://www.ndl.go.jp/jp/news/fy2013/report140107.pdf（2016年5月23日閲覧）
小林真理　1995 「文化行政の理念としての〈文化権〉——〈文化〉に関する権利概念の現況」『文化経済学論文集』1：107-112.
坂口香代子　2009 「飛騨のさるぼぼ（飛騨のさるぼぼ製造協同組合・岐阜県）——“超限定”にこだわり,「さるぼぼ」を日本一の土産物に」『CREC』166：83-94.

エリオット，T・S 2018 （深瀬基寛訳）『荒地／文化の定義のための覚書』中公文庫.
大野道邦，小川伸彦編　2009 『文化の社会学――記憶・メディア・身体』文理閣.
大村敦志　2007 『「民法0・1・2・3条」〈私〉が生きるルール』みすず書房.
岡部晋典ほか　2011 「Budapest Open Access Initiativeの思想的背景と受容」『情報知識学会誌』21(3)：333-349.
岡村久道　2021 『著作権法 第5版』民事法研究会.
奥田晴樹　2008 「土地問題研究の方法的省察――「コモンズ論」との関わりで」『金沢大学教育学部紀要　人文科学・社会科学編』57：71-88.
ガイガー，クリストフ　2012 （張睿暎訳）「知的財産制度の人権化――欧州および国際的レベルでの基本権アプローチによる利益の公正なバランスの確保」『季刊　企業と法創造』9(1)：291-304.
外務省編纂　1952 『日本外交文書 第19巻』日本国際連合協会.
カウフマン，マイケル・T　2004 （金子宣子訳）『ソロス』ダイヤモンド社.
閣議決定　2018 『文化芸術推進基本計画――文化芸術の「多様な価値」を活かして，未来をつくる（第1期）』文化庁.
加瀬澤雅人　2005 「アーユルヴェーダは誰のものか――「伝統」医療・知的財産権・国家」『文化人類学』70(2)：157-176.
加戸守行　2013 『著作権法逐条講義 6訂新版』著作権情報センター.
加藤直規ほか　2017 『障がいのある方のアートに関する権利　Q&Aハンドブック2――作品の利用・保管・廃棄と契約』NPO法人ひゅーるぽんアートサポートセンターひゅるる.
川井田祥子　2013 『障害者の芸術表現――共生的なまちづくりにむけて』水曜社.
河上徹太郎ほか　1979 『近代の超克』冨山房百科文庫.

究開発の趨勢――特許出願データに見る製薬大手の開発性向」『アジア経済』45(11/12)：80-112.
井上俊，長谷正人編　2010　『文化社会学入門――テーマとツール』ミネルヴァ書房.
井上真　2001　「自然資源の共同管理制度としてのコモンズ」井上真，宮内泰介編『コモンズの社会学――森・川・海の資源共同管理を考える』新曜社，1-28.
――――　2008　「コモンズ論の遺産と展開」井上真編『コモンズ論の挑戦――新たな資源管理を求めて』新曜社，197-215.
――――　2010　「汎コモンズ論へのアプローチ」山田奨治編『コモンズと文化――文化は誰のものか』東京堂出版，234-262.
今井道兒　1996　『「文化」の光景――概念とその思想の小史』同学社.
ウィリアムズ，レイモンド　1983　（若松繁信ほか訳）『長い革命』ミネルヴァ書房.
――――　1985　（小池民男訳）『文化とは』晶文社.
――――　2002　（椎名美智ほか訳）『完訳キーワード辞典』平凡社.
――――　2008　（若松繁信，長谷川光昭訳）『文化と社会』ミネルヴァ書房.
上野和彦，立川和平　2003　「大島紬織物産地の構造とその二重性」『東京学芸大学紀要　第3部門　社会科学』54：49-61.
ヴェーバー，マックス　1989　（大塚久雄訳）『プロテスタンティズムの倫理と資本主義の精神』岩波文庫.
――――　1998　（富永祐治，立野保男訳）『社会科学と社会政策にかかわる認識の「客観性」』岩波文庫.
牛谷正人ほか編　2009　『障害者アートの価値向上に伴う，作家の権利擁護の在り方に関する研究事業』特定非営利活動法人はれたりくもったり.
江橋節郎　1996　「カルシウムと私」『生命誌』12.　http://www.brh.co.jp/s_library/interview/12/（2021年3月22日閲覧）

——— 2012 *Open Access.* MIT Press.
Sunder, Madhavi 2012 *From Goods to a Good Life: Intellectual Property and Global Justice.* Yale University Press.
The Cases of the Appellants and Respondents in the Cause of Literary Property, Before the House of Lords. 1774 Printed for J. Bew, W. Clarke, P. Brett, and C. Wilkin.
Tylor, Edward Burnett 1871 *Primitive Culture: Researches into the Development of Mythology, Philosophy, Religion, Art, and Custom.* John Murray. 邦訳はエドワード・B・タイラー 2019（奥山倫明ほか訳）『原始文化』国書刊行会.
UNESCO 2005 *Towards Knowledge Societies.* UNESCO Publishing.
秋道智彌　2004 『コモンズの人類学――文化・歴史・生態』人文書院.
――― 2016 『越境するコモンズ――資源共有の思想をまなぶ』臨川書店.
浅石道夫　2019 「これまでの10年　これからの10年――JASRACの来し方行く末」『コピライト』700(2019/8)：46-47.
朝日新聞　2006 「地域ブランドに思わぬ壁――深谷ねぎ・八丁味噌・さぬきうどんなどに問題」『朝日新聞』2006/4/16.
生松敬三　1968 「「文化」概念の哲学史」『岩波講座　哲学XIII　文化』岩波書店，73-101.
イーグルトン，テリー　2006 （大橋洋一訳）『文化とは何か』松柏社.
池田恒男　2006 「コモンズ論と所有論――近年の社会学的「コモンズ」論に関する覚書」鈴木龍也，富野暉一郎編『コモンズ論再考』晃洋書房，3-57.
伊藤徹男　2013 「中国薬物特許データベースの紹介」『Japio Year Book 2013』日本特許情報機構，170-177.
伊藤萬里，山形辰史　2004 「HIV／エイズ・結核・マラリア向け医薬品研

Concepts and Definitions. Peabody Museum of American Archeology and Ethnology, Harvard University.

McLeod, Kembrew 2001 *Owning Culture: Authorship, Ownership, and Intellectual Property Law.* Peter Lang.

May, Christopher 2000 *A Global Political Economy of Intellectual Property Rights: The New Enclosures?* Routledge.

Mehr, Samuel A. et. al. 2019 “Universality and Diversity in Human Song,” Science 366(6468): eaax0868.

Morsink, Johannes 1999 *The Universal Declaration of Human Rights: Origins, Drafting, and Intent.* University of Pennsylvania Press.

Netanel, Neil 2008 *Copyright's Paradox.* Oxford University Press.

Okediji, Ruth L. 2018 “Does Intellectual Property Need Human Rights?,” *International Law and Politics* 51(1): 1-67.

Ostrom, Elinor 1990 *Governing the Commons: The Evolution of Institutions for Collective Action.* Cambridge University Press.

Raustiala, Kal and Christopher Springman 2012 *The Knockoff Economy: How Imitation Sparks Innovation.* Oxford University Press. 邦訳はカル・ラウスティアラ，クリストファー・スプリングマン 2015（山形浩生，森本正史訳）『パクリ経済――コピーはイノベーションを刺激する』みすず書房.

Rushdie, Salman 1988 *The Satanic Verses.* Viking. 邦訳は，サルマン・ラシュディ 1990（五十嵐一訳）『悪魔の詩』新泉社.

――― 1991 “Excerpts From Rushdie's Address: 1,000 Days ‘Trapped Inside a Metaphor’,” *The New York Times* December 12.

Suber, Peter 2007 “Creating an Intellectual Commons through Open Access,” In Charlotte Hess and Elinor Ostrom eds. *Understanding Knowledge as a Commons.* MIT Press, 171-208.

Goto, Sharon G. et. al. 2010 “Cultural Differences in the Visual Processing of Meaning: Detecting Incongruities between Background and Foreground Objects Using the N400,” *Social Cognitive and Affective Neuroscience* 5: 242–253.

Hardin, Garrett 1968 “The Tragedy of Commons,” *Science* 162(3859): 1243–1248.

Hedden, Trey et. al. 2008 “Cultural Influences on Neural Substrates of Attentional Control,” *Psychological Science* 19(1): 12–17.

Heller, Michael A. 1998 “The Tragedy of the Anticommons: Property in the Transition from Marx to Markets,” *Harvard Law Review* 111(3): 621–688.

——— 2008 *The Gridlock Economy: How Too Much Ownership Wrecks Markets, Stops Innovation, and Costs Lives*. Basic Books. 邦訳は，マイケル・ヘラー 2018（山形浩生，森本正史訳）『グリッドロック経済——多すぎる所有権が市場をつぶす』亜紀書房.

Hess, Charlotte and Elinor Ostrom eds. 2007 *Understanding Knowledge as a Commons: From Theory to Practice*. MIT Press.

Hess, Charlotte 2012 “Constructing a New Research Agenda for Cultural Commons,” In Enrico Bertacchini et. al. eds. *Cultural Commons: A New Perspective on the Production and Evolution of Cultures*. Edward Elgar: 19–35.

Kawana, Sari 2018 *The Use of Literature in Modern Japan: Histories and Cultures of the Book*. Bloomsbury.

Kitayama, Shinobu and Ayse K. Uskul 2011 “Culture, Mind, and the Brain: Current Evidence and Future Directions,” *Annual Review of Psychology* 62: 419–449.

Kroeber, A. L. and Clyde Kluckhohn 1952 *Culture: A Critical Review of*

参考文献

Baldwin, John R. et. al. eds. 2006 *Redefining Culture: Perspectives Across the Disciplines.* Lawrence Erlbaum Associates.

Bertacchini, Enrico et. al. 2012 "Defining Cultural Commons," In Enrico Bertacchini et. al. eds. *Cultural Commons: A New Perspective on the Production and Evolution of Cultures.* Edward Elgar, 3-18.

Boldrin, Michele and David K. Levine 2008 *Against Intellectual Monopoly.* Cambridge University Press. 邦訳はミケーレ・ボルドリン，デイヴィッド・K・レヴァイン 2010（山形浩生，守岡桜訳）『〈反〉知的独占――特許と著作権の経済学』NTT 出版.

Bollier, David 2002 *Silent Theft: The Private Plunder of Our Common Wealth.* Routledge.

Boyle, James 2008 *The Public Domain: Enclosing the Commons of the Mind.* Yale University Press.

Chander, Anupam and Madhavi Sunder 2004 "The Romance of the Public Domain," *UC Davis Law, Legal Studies Research Paper* 13: 1331-1373.

Chapman, Audrey R. 2001 "Approaching Intellectual Property as a Human Right (Obligations Related to Article 15(1)(c))," *Copyright Bulletin* (UNESCO Publishing) XXXV(3): 4-36.

Department of Economic and Social Affairs, Division for Public Administration and Development Management 2005 *Understanding Knowledge Societies: In Twenty Questions and Answers with the Index of Knowledge Societies.* United Nations.

書名・作品名索引

や　行

ら　行

わ　行

ま　行

な　行

は　行

た　行

さ　行

か　行

事項索引

わ 行

ま　行

や　行

ら　行

た　行

な　行

は　行

人名索引

著者略歴

山田奨治（やまだ　しょうじ）

1963年生。現在，国際日本文化研究センター教授，総合研究大学院大学教授。京都大学博士（工学）。専門は情報学，文化交流史。筑波大学大学院修士課程医科学研究科修了後，（株）日本アイ・ビー・エム，筑波技術短期大学助手などを経て現職。ケンブリッジ大学ウォルフソン・カレッジ，フランス国立社会科学高等研究院，ハーバード大学ライシャワー研究所で客員研究員等を歴任。主な著作に，『日本の著作権はなぜこんなに厳しいのか』『日本の著作権はなぜもっと厳しくなるのか』『東京ブギウギと鈴木大拙』（以上，人文書院），『〈海賊版〉の思想　18世紀英国の永久コピーライト闘争』（みすず書房），『禅という名の日本丸』（弘文堂），『情報のみかた』（弘文堂），『日本文化の模倣と創造　オリジナリティとは何か』（角川書店）など。『東京ブギウギと鈴木大拙』で第31回ヨゼフ・ロゲンドルフ賞受賞。

ISBN 978-4-409-24139-4　C1036

著作権は文化を発展させるのか
――人権と文化コモンズ

二〇二一年七月一〇日　初版第一刷印刷
二〇二一年七月二〇日　初版第一刷発行

著　者　山田奨治
発行者　渡辺博史
発行所　人文書院
〒六一二-八四四七
京都市伏見区竹田西内畑町九
電話〇七五・六〇三・一三四四
振替〇一〇〇〇-八-一一〇三
印刷所　創栄図書印刷株式会社
装　丁　間村俊一

落丁・乱丁本は小社送料負担にてお取り替えいたします